亚马逊超强经营法则

[日] 佐藤将之 著

赵艳华 译

中国科学技术出版社

·北京·

アマゾンのすごいルール
佐藤 将之
Copyright © 2018 by MASAYUKI SATO
Original Japanese edition published by Takarajimasha, Inc.
Simplified Chinese translation rights arranged with Takarajimasha, Inc.,through Shanghai
To-Asia Culture Co., Ltd.
Simplified Chinese translation rights © 2020 by China Science and Technology Press Co.,
Ltd.
北京市版权局著作权合同登记 图字：01-2021-4967。

图书在版编目（CIP）数据

亚马逊超强经营法则 /（日）佐藤将之著；赵艳华
译 . —北京 : 中国科学技术出版社 , 2021.12
　ISBN 978-7-5046-9262-7

　Ⅰ . ①亚… Ⅱ . ①佐… ②赵… Ⅲ . ①电子商务—商
业企业管理—经验—日本 Ⅳ . ① F733.134.6
中国版本图书馆 CIP 数据核字（2021）第 209243 号

策划编辑	申永刚　杨汝娜	
责任编辑	申永刚	
版式设计	蚂蚁设计	
封面设计	马筱琨	
责任校对	张晓莉	
责任印制	李晓霖	

出　　版	中国科学技术出版社
发　　行	中国科学技术出版社有限公司发行部
地　　址	北京市海淀区中关村南大街 16 号
邮　　编	100081
发行电话	010-62173865
传　　真	010-62173081
网　　址	http://www.cspbooks.com.cn

开　　本	880mm×1230mm　1/32
字　　数	122 千字
印　　张	7
版　　次	2021 年 12 月第 1 版
印　　次	2021 年 12 月第 1 次印刷
印　　刷	北京盛通印刷股份有限公司
书　　号	ISBN 978-7-5046-9262-7/F·953
定　　价	59.00 元

（凡购买本社图书，如有缺页、倒页、脱页者，本社发行部负责调换）

"一切都由顾客说了算！"（Customer Rule）

如果有人问："亚马逊是否存在独一无二的法则？"

我会回答："是的，它有。"以下我要说的正是它的独特法则。

在亚马逊，每个季度会给员工颁发一次奖励。奖励的形式多种多样，其中最有价值的是一个被称为"门桌奖"（Door Desk Award）的奖项。

获奖者将获得一个迷你门桌[1]，它是亚马逊提倡节俭的一种象征。

迷你门桌上有亚马逊创始人杰夫·贝佐斯的签名，另外还写着一行字，内容是："一切都由顾客说了算！"

---

[1] 门桌：杰夫·贝佐斯创建亚马逊时，将家里门板拆下来，装上桌腿后做成了办公桌，被称为"门桌"。——译者注

我见证了15年间公司的飞速发展

2000年7月，我加入亚马逊，成为亚马逊日本分公司的一员。2000年11月公司网站日本亚马逊（Amazon.co.jp）开始正式运营。2000年7—11月这4个月的时间里，我为网站的启动做了各种准备工作。直到2016年2月离开公司，我的在职时间大概有15年。起初，我在亚马逊日本分公司担任供应链经理，后来负责书籍采购，再后来负责仓库运营。

亚马逊日本分公司还没有正式成立时，我们的办公地点是在西新宿租的一间办公室。那时，公司规模也很小，只有15名员工。现在员工人数已多达数千人，公司总部也已迁到了目黑车站附近的阿露可大厦（ARCO TOWER）。此外，在第三方的协同管理下，亚马逊仓库中的工作人员，据统计已达数万人之多（截至2018年1月）。

亚马逊日本分公司刚刚成立时，只经营书籍类商品，后来经营范围逐步扩展到音乐、视频、游戏、家用电器、美容、时尚、珠宝、母婴用品、汽车与摩托车用品、体育与户外用品、日用品和厨房、药店、食品、杂货、工业及技术研发用品等，成长为综合性网上商城。

亚马逊的业务并不限于商品零售，它还广泛涉足数字信息服务和云服务等领域。

因此，在当今日本，如果没有亚马逊，人们生活将会有诸多不便。毫不夸张地说，没有亚马逊，就像生活里没有手机或没有便利店那样不方便。

作为行业巨头，亚马逊的一举一动，都会引起世界各地投资者和企业家的关注。有关亚马逊的新闻经常会对世界经济产生重大影响。

在很短的时间内，亚马逊成长为在全球具有举足轻重地位的企业。我有幸见证并参与了它的成长，对我而言，这15年间的职业生涯让我收获颇多，成为人生中不可取代的重要时期。

着眼未来，崇尚速度和规模

很多人把亚马逊视作一种威胁，总是戴着有色眼镜看待它。起初，亚马逊来到日本时，人们称它为"黑船❶"。之后，看到亚马逊使用无人机送货、使用机器人管理仓库的新闻时，人们又称它为"破坏者"。

这些看法都是对亚马逊的误解。其实，亚马逊的想法非

---

❶ 黑船：原指幕府末期来到日本的美国舰队，现指外来的、颠覆传统的事物。——译者注

常简单。

他们只是在"一切都由客户说了算"这一基本原则的指导下，考虑能为客户做什么，单纯地发展公司业务而已。简言之，这是一家非常愚直的公司。只是，他们具有长远眼光，崇尚速度和规模而已。

亚马逊着眼未来，其视野远超我们普通人的想象。

亚马逊对于速度的追求远超普通企业。

亚马逊注重规模，其格局远超过我们普通人的想象。

仅此而已。

亚马逊正在用独特的创意和技术努力将人们的梦想变成现实，将未来的愿景实现在当下。

亚马逊独一无二的法则

亚马逊员工认同亚马逊对未来的构想，他们对于能在亚马逊工作感到无比喜悦与自豪，并且自称为"亚马逊人"。

尽管亚马逊公司规模庞大，在全球各地都有分公司，但世界各地的亚马逊人都是从同一视角去思考问题和处理业务的，那就是"我们能为客户做些什么"。

为什么每个亚马逊人都有这种自律性的思维方式呢？

这是因为亚马逊有自己独一无二的超强法则。具体来说，指的是亚马逊独特的思维理念和经营机制。举例如下：

- 基本理念的渗透。

- 管理者的概念。

- 人才选用的办法。

- 人事考核方法。

- 实现目标和提高生产效率的机制。

- 产生创意的方式。

- 对沟通的基本理解。

所有这些法则都是由"一切都由客户说了算"这一基本法则派生出来的。这一点非常厉害。

亚马逊员工经常互相调侃，亚马逊的最大顾客是自己。员工喜欢亚马逊，了解它的强大和便捷，才会使用亚马逊的服务。换句话说，所有亚马逊人都是亚马逊的粉丝。

如果您想入职亚马逊，或者想向亚马逊学习，或者事业正在受到亚马逊冲击……

在本书中，我将与您分享自己在亚马逊工作期间领悟到的亚马逊超强法则。

- 想加入亚马逊或想与亚马逊合作的人。

- 想把亚马逊的组织优势整合到自己公司管理中的人。

- 目前与亚马逊虽有业务往来，但与亚马逊思想格格不入的人。

- 认为自己的业务已经受到或即将受到亚马逊冲击的人。

- 打算在亚马逊投资的人，打算与亚马逊合作的人。

希望这篇关于亚马逊超强法则的介绍，能帮助以上人士做出科学的决策。

亚马逊与我们的日常生活联系得越来越密切，在这一大背景下，我们应该怎样与它相处呢？我们应该提前了解些什么呢？

这本书并不是充斥在街头巷尾的、教给人们如何在亚马逊购物的工具书。我写这本书的目的是让人们真正了解亚马逊的基本思想，学会如何与亚马逊和谐共处。希望此书能够拉近亚马逊与读者之间的距离，同时也希望我们的社会更加便利和宜居。

目录

理解亚马逊需要掌握的基本知识

要理解亚马逊各种超强法则，需要了解一些最基本的知识，包括亚马逊的业务内容和组织构成等。

亚马逊究竟是一家什么样的公司？

当听到亚马逊三个字时，你会想到什么？

当被问及亚马逊是做什么的，你会怎样回答？

2000年我加入亚马逊时，以上问题的答案都非常简单。因为当时亚马逊还只是一家网上书店。

今天的年轻人可能无法想象，成立之初的亚马逊日本分公司只经营书籍。2000年11月日本亚马逊开始运营前，世界各地亚马逊分公司普遍从以经营图书起步。

当然，美国的亚马逊也不例外，美国亚马逊网站（Amazon. com）1995年上线运营时也只经营在线书店业务。公司成立之初，创始人杰夫·贝佐斯甚至把自己家里的车库用作配送仓库。

之后，亚马逊开始销售媒体产品CD和DVD，然后推出了视频游戏系列，与此同时，开始销售家用电器、玩具、厨具等。到现在，毫不夸张地说，几乎世界上所有商品都能在亚马逊网站上买到。

不过，上面列举的仅仅是亚马逊的零售业务。现在亚马逊的业务触角已经延伸到许多领域。

例如，平台服务。不知道您有没有注意到，当访问亚马逊网站时，会自动显示卖家和发货地的相关信息。这些企业和商店有可能和亚马逊并无关系。那么他们为什么会出现在亚马逊的网站上呢？这是因为亚马逊本身虽然是零售商，但也允许其他零售商利用亚马逊平台销售产品。

这种关系类似于在伊势丹❶店内的松阪屋❷，它也售卖与伊势丹一样的产品。人们肯定会想不通，这样做难道不会导致自己利益受损吗？稍后我将会详细解释原因。

有时卖方不是亚马逊，发货信息中可能也会包含亚马逊的名称。这是因为亚马逊为卖家提供了亚马逊物流服务（FBA），这一服务涉及从库存管理到订单发货的所有事务。亚马逊投巨资建成的物流中心，为什么要允许其他零售商使用呢？稍后我也将详细解释原因。

以上讲的是亚马逊的互联网零售业务的发展情况。除此

---

❶ 伊势丹：日本一家百货公司，并经营自己品牌的商品。——译者注
❷ 松岛屋：日本一家百货公司，并经营自己品牌的商品。——译者注

之外，亚马逊还从事其他业务。

其中之一是数字发行服务。最近，人们经常能在电视上看到有关亚马逊会员（Amazon Prime）的广告。要想加入亚马逊会员，只要支付4900日元的年度会费（截至2019年10月），就可以免费享受各种服务。亚马逊影视（Prime Video）便是其中之一，使用该服务可以免费观看电影和其他国家的电视剧。在电视（需要使用亚马逊电视专用设备）、电脑、手机上都可以随时免费观看。

亚马逊电子书服务（Kindle Unlimited）为会员提供海量电子书。使用亚马逊音乐（Prime Music）服务，会员可以无限量畅听自己喜欢的音乐（以上2种服务都有条件限制）。

通过专用设备（亚马逊电子书等）和通用设备人们可以尽情使用数字服务。目前，亚马逊已发展为全球最大的数字信息发行商。

此外，亚马逊还是亚马逊云科技（AWS，Amazon Web Services）的提供商。大家可能不太了解云服务，实际上它与我们的生活息息相关。云服务，简言之就是服务器租用服务。亚马逊拥有功能强大的服务器，它主要用来处理圣诞节期间庞大的订单数据，但在平时几乎处于闲置状态。

云服务旨在有效利用闲置的服务器资源。近来，已经出现了各种云服务，例如租用闲置房屋的爱彼迎（Airbnb）、SpaceMarket，利用闲置汽车资源的优步（Uber）等。实际上，亚马逊物流服务也是云服务之一。到目前为止，亚马逊是服务器租借领域排名第一的企业。在美国，美国联邦调查局（FBI）、美国中央情报局（CIA）和其他政府机构的服务器也在亚马逊云上。这从侧面反映出亚马逊云服务具备强大的保密性。

总而言之，亚马逊是一家大型公司，主要经营以下三大业务：零售及其相关服务、数字信息服务、云服务。大家心目中把亚马逊只当作一家网络书店的认知早已过时。亚马逊服务范围日益扩大，在不久的将来，它将作为非常重要的社会基础设施，成为世界人民生活中不可或缺的一部分。

层级较少的垂直型组织结构

遍布全球的亚马逊以美国总部为中心，各部门呈垂直型组织架构。位于西雅图的美国总部拥有基本的决策权。日本零售网站日本亚马逊的几乎所有系统的更新都是由美国工程师操作的。公司的最高职务者是首席执行官杰夫·贝佐斯，他的直接下属是各部门的决策者，即高级副总裁，之下是全球各地的副总裁（即各分公司的最高负责人）。副总裁之下是总监、高级经理、经理……层级并不多（见图1）。

亚马逊日本分公司有两位社长，分别是贾斯珀·张（负责零售和服务）和杰夫·林田（负责仓库、客服、供应链等），后者同时也是我的直属上司。两位日本社长的级别都是副总裁，他们在美国总部也有直属上司。

世界各地的亚马逊分公司都采用这种垂直管理的形式。换言之，美国总部各部门设有专人检查其他所有分公司的运营情况，然后向杰夫·贝佐斯汇报。此外，广告、人力资源、财务、法务等均是美国总部的直属部门。目前，亚马逊云科技与日本亚马逊是不同的公司。

这种组织结构是了解亚马逊时须牢记的一点。下面，再举一些例子。

由于公共关系、人力资源、财务、法务等部门都是美国总部的直属部门，所以很多人的上司都在美国。

此外，即便直属部门不在美国，但与美国总部的联系也很频繁。因此，总监以上级别的管理人士，英语口语能力至关重要。

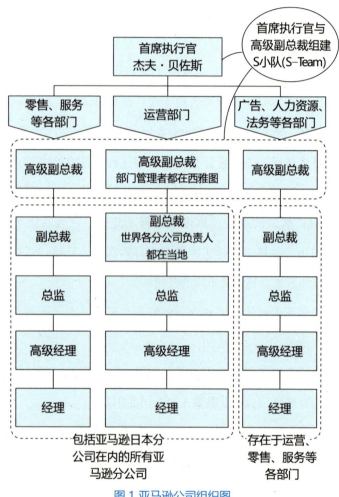

图 1 亚马逊公司组织图

快速决策

组织机构层级越少，决策人数越少，声音传递就越快。

我长期供职于运营与客服部门，直属上司是日本分公司总裁杰夫·林田，他的上司是一位美国总部的管理者。好的提案，只要得到上司认可，很快就会予以批复并付诸实施。

每个部门（例如运营和零售部门）都设有专门的人事和财务人员。因此，人员和资金相关事务，可直接与人事和财务人员沟通。比如，资金方面，不会受到诸如运营部门想建仓库，但零售部门想启动新的业务之类资金分配冲突问题的影响。

只要决策者认为新业务能够带来较高的效益，这项业务便可以立即实施。

我本人对这种高效决策的工作方式深有体会。

在运营部门时，有个仓库项目，亟须得到公司批准。这个项目大约要投资5000万日元，需要马上投入运行。

我的上司杰夫·林田批复道："应该没问题。"当时我正在美国西雅图开会，所以我询问杰夫·林田自己是否可以直接请教授权者高级副总裁的意见。杰夫·林田的答复是可以。

于是，我来到西雅图的高级副总裁那里，直接征求他的意见。我们两人对话如下：

"我们在日本正尝试推进一个这样的项目，这个项目很重要。"

"大约需要多少资金？"

"大约需要5000万日元。"

"将（他们对我的称呼），你们为什么想推进这个项目？说服我，我就批准。"

"因为通过这个项目可以实现符合公司发展战略的成果，所以我们认为应该推进该项目。"

经过交流，高级副总裁当场表示可以推进，并在当天做了批复。我想，这位高级副总裁肯定已经看过日本发来的材料并掌握了大概内容。不过，这个项目之所以能这么迅速获得通过，主要得益于亚马逊公司管理层级少、决策快的组织优点。

曾有个10亿日元的项目，仅用两天就得到了领导层的批复。这个项目的设计非常好，它的内容是在不降低客户满意度的前提下削减物流费。推进这个项目，大约需要投资10亿日元的设备。财务部门和运营部门协商后果断做出可以投资的决策，并立即在主仓库引进这套系统。只要投资效果明显、能够提高客户满意度，亚马逊就不会在决策的过程中浪费过多的时间。

新业务基本发端于美国

亚马逊的决策权基本上全部归属于美国总部。因此，当开始一项新服务或增加新的商品类目时，公司首先会在美国做试验，找出需要改进的地方，然后再将其推广到世界各地。

比如，新服务方面，具备语音功能的无线扬声器亚马逊回声（Amazon Echo）于2014年11月在美国首次发布，其后于2017年11月在日本发售。亚马逊无人便利店（Amazon Go）于2018年1月在西雅图首次开业，随后，2020年在日本开业。

新品系列也是如此。在亚马逊中，商品类目被称作"商店"。我总结了美国亚马逊中新增商品类目与其他国家新增类目的时间差（见表1）。

基本上，刚开始会有一到两年的时间差，新增类目的顺序一般是按照"美国→欧洲→日本"进行。

近年来，随着经营管理体制的不断完善，类目推出的时间差会逐渐缩短。但从美国开始的基本路线并不会改变。因此，如果您想了解亚马逊的未来战略，就需要先观察美国亚马逊的发展情况。因为迟早有一天它会在日本普及。

表1 选品的时间差（1995—2009 年）

年份	美国	欧洲	日本
2009	—	食品	消费品和食品
2007	食品	消费品	家居和厨房用品
2005	消费品	—	家电
2003	家居	家居及厨房用品	游戏和玩具
2001	厨房	家电	CD/DVD
2000	家电	游戏和玩具	书
1999	游戏和玩具	CD/DVD	—
1997	CD/DVD	书	
1995	书		

对亚马逊服务和业务有深刻影响的美国圣诞节

要了解亚马逊还需要知道圣诞节和亚马逊之间的关系。

在圣诞季前后，日本的出货量为其他时候的1.3~1.4倍，差距并不明显。亚马逊日本一年四季都有存货，所以仓库很少出现卖断货的情况。然而，在美国，情况却截然不同。在美国，圣诞节前后的发货量可以达到其他时候的数倍之多。

我之前看过的一组数据显示，在美国，一个家庭在圣诞节期间会花费9000美元（约6万元人民币）买礼物。虽然对这个数字的真伪难以判别，不过我曾经看到过一个美国家庭在过圣诞节时早上盛大的场面，对该消费习惯深有体会。

大约30年前，我上大学时曾在美国留学。圣诞节期间，大学宿舍关闭，我只好寄宿到一个有4个孩子的美国家庭里。

圣诞节早晨，还在地下一层睡觉的我，突然被男主人喊醒了："将，圣诞老人给你送礼物了。快起床看看吧。"

当我走到一楼推开门时，发现客厅中间有一棵很大的圣诞树，圣诞树旁边的地板上堆满了几十个礼物，数量多得让人眼花缭乱。

衣服、鞋子、玩具、自行车……孩子们兴奋地打开了一个又一个礼物盒子。

男主人说："将，你也有礼物哦！"边说边送给我3件礼物。

寄宿在别人家的我，居然也有礼物，而且还是3个！我非常高兴。但同时，也不禁感到疑惑："直到昨晚，这么多的礼物都藏在哪里了呢？"

美国人在圣诞节期间花的钱除了用于购买礼物，还会用于购买圣诞树和装饰品以及准备火鸡和其他菜肴等，这样算的话，有多个孩子的家庭，每年的圣诞节能花掉9000美元的数据，也就不难理解了。

可见，对美国人来说圣诞节是非常特殊的日子。

同时，这也意味着除了圣诞节，美国人平时很少买东西。我在美国留学、工作（就职于世嘉集团）多年后发现美国人除生活必需品外，很少在圣诞节以外的日子里花钱买衣服和鞋子。

这就是美国，极端的爆炸式购买习惯。

11月的感恩节和12月的圣诞节，在美国被称作"节日季"。在美国，平时和节日季雇用的人数也有很大的差别。

很多美国人一年四季都开着露营车到处旅行，只有到了节日季才来到仓库工作。节日季结束后，又会接着去旅行。他们被称作"假日临时工"。到了节日季，因为人们疯狂购物，因此商家人手严重不足，于是就会招聘这些短期工，为了顺利完成销售任务。

以下将详细说明美国圣诞节对亚马逊公司的深刻影响。

亚马逊的服务水平得到提升

这种爆炸式的购物习惯让美国商家产生了一种危机感。如果系统出现故障无法在圣诞节期间销售商品，那么公司可能会面临倒闭的危险。

同时，商家还会担心如果在圣诞节期间不能准时发货，会引发严重的社会问题。比如，玩具反斗城在1999年就推出了线上订购业务，但由于设备发生故障，导致客人订购的商品没有如期送达。最后，该公司不但错过了绝佳的销售时机，还被美国联邦贸易委员会调查并罚款150万美元。

在美国这种社会背景下，亚马逊一直秉持客户至上的经营理念，致力给客户提供绝佳的购物体验。为了保障客户的利益并兑现我们的承诺，就需要不断改进工作机制。也就是说，推动亚马逊服务水平不断提高的主要因素之一就是美国圣诞节。

在日本，曾发生过一次服务纠纷，对于日本的亚马逊人来说，是一个深刻的教训。

有一年圣诞节，有位顾客致电售后，说："我没有收到要送给儿子的礼物。我该如何向儿子解释呢？请代替我向儿子解释为什么圣诞老人没有送给他礼物。"

于是，负责人去顾客那里当面道歉并最终得到了顾客的谅解。尽管如此，我们仍然感到非常沮丧。标榜客户体验第一的公司居然让客户的期待落空。从那时起，日本亚马逊就提出了"不让客户流眼泪"的口号，特别是到每年临近假期时，都会拼尽全力让客户满意。

这一口号，我们不仅仅是嘴巴上喊喊而已，而是用实际行动去实现。

在圣诞节期间，客服人员有权做出自己的决定。在美国，有一次在圣诞节的前一天客户联系客服说商品尚未送达。数据显示快件已经送达，但实际上客户并没有收到。我们的客服人员根据自己的判断，立即安排免费重新发货并将快递升级为航空快件。最终该快件得以及时送达。

在日本，也曾遇到过类似的紧急情况。如果安排物流公司送货，那么等快件送到时，圣诞节早就过了。为此，我们召开了一次紧急会议，商讨怎么处理这件事。最终决定由离交货目的地最近的仓库主管装扮成圣诞老人直接去送货。这样，不但可以信守承诺，及时送达，还因为打扮成圣诞老人的样子，给客人带来了意外的惊喜。

亚马逊配送服务的诞生

在亚马逊，仓库被称作配送中心。我们推出了亚马逊物流服务，允许其他商家租用亚马逊仓库而不用投入资金自建仓库。无论商家是否在亚马逊网站上出售自己的商品，都可以利用这项服务。这种仓库出租业务诞生的原因是假期过后，亚马逊大部分的仓库都闲置着，利用率不高。我在多次造访美国亚马逊仓库时发现，虽然圣诞节期间仓库工作量暴增，但其他时候的仓库几乎都是空的。亚马逊物流业务发起的宗旨就是让我们更有效地利用这一空闲资源。

可能有人存有这样的疑问：在节日季一般仓库都会爆满难以入库，亚马逊物流仓库是不是也存在这个问题呢？如果仓库中没有足够的空间来存放货物，又该怎么办呢？

亚马逊的做法是尽量减少自己公司的备货数量。具体来说，原本100件的备货量减少到80件，腾出的空间留给亚马逊物流合作商，充分满足他们的仓储需求。

当然，根据历史出货高峰期的相关数据，亚马逊会提前预估本公司和亚马逊物流用户下一个假期的最大存储需求，并不断建造新的仓库，增强存储能力。这样就能避免出现存储能力不足的问题。不过，以前在美国曾出现过一次紧急情况，仓库无法存储客户商品。当时，杰夫·贝佐斯立即下令，要求暂停执行亚马逊本公司的所有订单，通过这种方式解决了问题。

为什么要优先亚马逊物流的用户呢？这是因为亚马逊仓库的用户也是亚马逊的客户。

在这里，客户具有最高优先级。在不影响线上客户的前提下，通过减少自己公司备货数量，避免了对客户可能产生的负面影响。

亚马逊云科技服务的诞生

亚马逊云科技是亚马逊提供的一项安全、低廉的服务器租赁业务。它在云服务领域的利用率高达30%以上，在世界云服务市场的占有率具有绝对优势。尽管收费较低，但得益于用户数量庞大，该服务获利不菲，据说亚马逊集团的74%的利润都来自亚马逊云科技服务。亚马逊会将赚取的利润回馈给客户，所以其回报率并不高。但毫不夸张地说亚马逊云科技是所有云服务中最好的。

亚马逊云科技与亚马逊物流一样，它们的开发都是出于同一初衷。

节日季网站系统出现故障，对于亚马逊来说是绝对不允许发生的事情。因此，为了处理包括美国在内的世界各地庞大的订单数据，就需要准备一台可以高速处理大量数据的服务器。

同样，订单高峰期过后，服务器和仓库一样就会闲置下来。于是亚马逊就将服务器租给其他公司使用，这就是亚马逊云科技的发端。

这样说，很多人可能会误认为亚马逊物流或亚马逊云科技是偶然启动的业务，但事实并非如此。

亚马逊销售的不是产品，而是平台。事先准备好设备、系统和模型，将其用作销售平台。亚马逊物流和亚马逊云科技的开发都是基于这一理念。

像赛车那样边驰骋、边维护、边调试的公司

在亚马逊日本分公司工作期间，我的顶头上司是杰夫·林田，也就是亚马逊日本分公司的现任总裁。他经常用赛车来形容亚马逊公司。

"这家公司如同参加世界一级方程式锦标赛（F1）的赛车，一边高速驰骋，一边维护和调试。"每当听到这句话时，我都由衷地赞叹，这个表达太准确了。

亚马逊公司是一家短短几年内就得以迅速发展的公司。今后，它也将继续保持增长势头，永不止步地发展下去。

例如，为了提升网站运营效果，网站工作人员每年都要进行成千上万次的更新和升级。为了不影响顾客的使用，每次都是在现有系统运行时同步进行更新。

仓库的升级同样如此。公司新增设了仓库，每当要从旧仓库中把一部分货物搬到新仓库时，都尽量不影响到货物正常的入库和出库，不给顾客增添麻烦。

参加世界一级方程式锦标赛的赛车时速高达300千米，却需要在比赛中途停下来更换轮胎。

然而，在亚马逊，维护和调试工作却与运行保持了同步。用杰夫·林田的话来说："亚马逊这辆赛车的最高时速并非恒定在300千米。它每年都在加速，时速可以达到400千米乃至500千米。"

装有物体瞬间移动装置的梦幻世界

我经常与同事谈论杰夫·贝佐斯梦想中的未来世界是什么样子。最后的结论是，那个世界肯定有物体瞬间移动装置。

比如，你一个人坐在家里的沙发上看电视。

你突然想喝碳酸饮料了，但是发现冰箱里空空如也。在现在的世界中，你需要去商店购买或者在网上订购，必须花费一定时间和精力后才能喝到。

杰夫·贝佐斯梦想的未来世界肯定不是这样的。他的未来世界是，在你突然想喝碳酸饮料的那一刻，碳酸饮料便从亚马逊仓库发出，很快便出现在你的面前。虽然没有人直接向杰夫·贝佐斯确认他未来世界的样子是否是这样的，但是每一个亚马逊人都对此深信不疑。

现在，亚马逊向会员提供"即日送达"和"即刻送达"服务。过去顾客订购后通常要花几周的时间才能收到货物，导致收到货物时都忘记自己买过什么东西。而使用亚马逊的即日送达或即刻送达服务后，在当天，个别地区甚至是1小时内就能收到货。这种快速的送达服务是革命性的。尽管如此，与杰夫·贝佐斯理想中的未来世界的物品瞬间移动装置仍然相距甚远。那时，他大概会质疑："什么？需要1天？1小时？太慢了！"

换句话说，"如何快速送到客人手里"这一主题自始至终都不会改变。我想，瞬间移动装置一旦被发明出，杰夫·贝佐斯肯定会毫不犹豫地将该装置引入到亚马逊的物流体系之中。

第1章

亚马逊的基本理念

渗透到全球亚马逊人心中的基本思维方式，我将逐条为您分析解说。

为未来播撒希望的种子

要了解亚马逊超强法则，最重要的是要了解创始人杰夫·贝佐斯的基本思想和行动原则。

这是因为，在亚马逊工作的员工，即亚马逊人，是对杰夫·贝佐斯的未来愿景产生共鸣并希望实现的人。当然，我也是其中之一，即使现在离开了亚马逊，这种想法也未曾变过。

为了让大家对亚马逊有更加形象的认识，对创始人杰夫·贝佐斯的基本思想和行为原则有更加清晰的了解，我整理了以下几个主题。

首先，时间视野。

亚马逊成立以来，杰夫·贝佐斯在各类演讲中多次谈到了"播种"的重要性。在亚马逊工作的15年间，我多次听到过这个词。

20世纪末，互联网泡沫破灭。当时，亚马逊日本分公司刚刚成立不久。美国亚马逊公司的股价从40美元狠跌至2美元左右。但是杰夫·贝佐斯非但没有放缓设备投资的步伐，反而进一步加快了投资动作。结果导致公司亏损额剧增，各种杂志版面都充斥着"亚马逊即将破产""亚马逊的管理方法很奇怪"等报道。甚至连华尔街的机构投资者❶都给出了严厉的负面评估。

杰夫·贝佐斯回顾那些日子时，这样说道："那时，他们对我一直存在误解。事实上，我在做一些创新，做的是前瞻性投资。我播下了种子，勤于浇水，这些种子现在都开出了美丽的花朵，它们生长得很旺盛。

你们不要忘记，正因为我和伙伴们做了不被世人理解的创新性工作，才取得了今天的成就。

现在，如果不为未来播下种子，那么将来一定不会开出美丽的花朵。

所以，今天也同样需要不断播下创新的种子。即使这种创新在今时今日不被人理解。"

杰夫·贝佐斯经常向亚马逊员工发出这样的警示："不要满足于今天的成就，不要抛弃冒险思维，要时时刻刻自我约束，保持清醒。"

---

❶ 机构投资者：指用自有资金或者从分散的公众手中筹集的资金专门进行有价证券投资活动的法人机构。——译者注

我觉得目光长远是杰夫·贝佐斯最伟大的才华。杰夫·贝佐斯曾参与了恒今基金会的"万年钟"项目。这是一个宏伟的项目，旨在制造一座可以使用1万年的机械钟表。据说，为了完成这个项目，杰夫·贝佐斯提供了自己位于得克萨斯州落基山脉的私有领地，作为这座大钟的埋藏地点。

从常识考虑，人们可能会说："别说1万年，就是100年后我也早就离开这个世界了。他到底在做什么？"

但是，杰夫·贝佐斯不会在意这些评价。

可以运行1万年的钟表，可能永远都不会被人们挖掘出来。

但这并不能否定在遥远的未来，人类或其他生命体会发现它。然后通过这块钟表，能够知道我们时代的样子。或许他们会感叹1万年前人类居然已经掌握了制作钟表这项技术。可见，杰夫·贝佐斯所思所想的境界远远超越了我们这个时代。

正因为他想得太超前，所以才容易招致误解。周围的误解，对他来说无所谓，只要能做到，努力去做就是了。

亚马逊人工作的时候，永远都在思考我应该朝哪里前进。

客户至上的文化已成为全球榜样

　　每当美国总部的高管，如杰夫·贝佐斯等重要人物来日本时，亚马逊日本分公司都会召集全体员工开会。亚马逊称之为"全体会议"（All Hands）。在会上，员工将有幸聆听高管们的精彩演讲，这些演讲在平时很难听到。

　　届时，员工可向他们提出一些问题。例如，2012年的全体会议上，一名员工问杰夫·贝佐斯："请问10年后亚马逊会有哪些变化？"

　　通常，向首席执行官提出的问题都是一些比较严肃、正统的问题。因此，普通的管理人员往往会谈论长期计划，比如如何保持业务增长率、产品将打入哪国市场等。然而，杰夫·贝佐斯的回答却让我们感到非常意外。

　　他说："未来很难预测，但是我可以肯定地说，零售业务（以产品销售为中心的业务）将会继续占据主导地位，而亚马逊云科技业务将取得更大的发展，数字产品（电子书、音乐和视频下载服务）的销售额将继续增长。这三项服务仍将是亚马逊业务的三大支柱。但我个人认为10年后亚马逊周围的环境会发生很大的变化。10年后，我们亚马逊建立的'客户至上'的文化理念会逐步被其他企业或组织所接受，越来越多的公司或组织将秉持这个同一理念。例如，医院、学校等公共机构，将逐渐形成以顾客为中心的服务准则。届时，亚马逊一定要做好这些组织机构的榜样。"

这是一个非常简短的回答。但我可以从中体会到他对于我们亲手打造的企业文化是非常自豪和自信的。

我被深深地震撼了。将所有业务都纳入基础平台中，只有这样的管理者才能描绘出"最终它将成为全世界的榜样"的宏伟蓝图。

我认为杰夫·贝佐斯的战略机制可以用金字塔图清楚地呈现出来（见图1-1）。

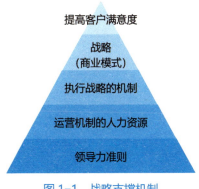

提高客户满意度

战略
（商业模式）

执行战略的机制

运营机制的人力资源

领导力准则

图 1-1 战略支撑机制

位于金字塔最顶端的是提高客户满意度，下面是战略（商业模式）、执行战略的机制、运营机制的人力资源，所有这些都是以领导力准则为基础的。杰夫·贝佐斯认为这种结构将成为业界榜样，被大家效仿。

正发挥作用的"机制"

在业绩呈指数级增长的亚马逊，经常说到的一句话就是"它是否具有可扩展性"。

换句话说，业务规模发展到当前水平的1千倍或1万倍时，是否还能保持同等服务水平。

比如，某商品初次购买时享受特惠价格，在出库时需要员工花费时间和精力。如果商品买家仅有10人，那么仓库负责人可以利用闲暇时间，在不影响其他产品出库作业的前提下，抽空进行该商品的出库作业。

但是，如果该商品买家有1万人的话，应该怎么办呢？仓库负责人就不得不停下手里其他的工作，进行该商品的出库作业。

也就是说，如果数字小，仅用闲暇时间就可以完成这项工作。

但是仅用闲暇时间无法扩大业务规模并持续发展下去。

要扩大业务，寻求发展，最重要的是机制。机制之外，再加上独创性的工作方法，即便是1万个包裹也可自动归类发出。亚马逊员工给人的印象就是不断挑战并拓展极限。

创始人杰夫·贝佐斯经常谈论的机制的重要性

在日本，商家常使用"极致服务"一词。

听起来不错，但我不太喜欢这个词。

我认为这是经营者或管理层在逼迫员工释放最大程度的善意，而忽略了自己作为经营者或管理层在工作机制创建方面应该担当的角色。

在工作方式改革的名义下，我们的工作时间将不断被压缩。将来，劳动力不足的社会问题将更加严重。如果我们不完善包括技术在内的各种机制，那么一线员工将会非常疲惫。有能力、有善意的员工，将会成为牺牲品。

因此，应该站在更高的视角考虑问题，并在此基础上进一步完善管理机制。这样做，该机制便可以使过去需要很长时间和精力才能做好的工作变得更简单。而节省下来的时间，人们可以去做更重要、更具创造力的工作。

杰夫·贝佐斯经常教导员工发挥作用的不是善意，而是机制。

有人可能觉得这句话过于冷漠，但我并不这样认为。

　　我个人是这样理解的：员工无法仅凭"善意"持续工作下去。

　　在完善机制的基础上，员工的善意才能得到充分发挥。

　　我想，杰夫·贝佐斯要表达的正是这个意思。

　　每当想起这句话时，我都会感慨，杰夫·贝佐斯比其他任何人都更了解"极致服务"的本质含义。

　　目前，作为管理顾问，我参与了多家公司的经营活动。对杰夫·贝佐斯理念的体会越来越深刻。

　　在咨询现场，我反复强调不要过分依赖员工释放善意，而要重视机制的作用。

如前言所述，亚马逊根据"一切都由顾客说了算"这一简单明了的工作方针开展业务活动。

自1995年杰夫·贝佐斯在美国西雅图的车库里创办亚马逊以来，亚马逊一直秉承，并且以后仍将秉承这一方针。

有一个长远的规划，思考如何实现并付诸行动——这就是我们亚马逊人非常重视的"倒推思维"（见图1-2）。

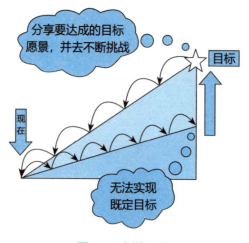

图 1-2　倒推思维

只不过，在亚马逊的愿景规划中，其时间视野、速度和对事业规模的看法与其他公司截然不同。因此，当亚马逊宣布并执行一项新的业务时，往往会遭遇周围异样的眼光。

其实这些异样眼光都是对亚马逊的误解。亚马逊的所有业务都是一脉相承的关系，互相关联紧密。

无人机配送和即刻送达服务是必然产物

以无人机配送的创意为例。

最近在日本的新闻中经常听到有关2020年卡车司机问题[1]。其实，很早以前亚马逊就意识到配送员将卡车开到家门口，亲手把快件递交给收件人的时代很快就会因劳动力不足而成为过去式。

作为物流业者，必须兑现自己的诺言，将产品交付到客人手中。用倒推思维，即从结果入手来思考，最后必将得出使用无人机进行配送的结论。

---

[1] 恶劣的工作环境、长时间工作以及低收入导致日本卡车司机人数逐年下降，而日本原计划于2020年召开东京奥运会，相关的基础设施建设需要大量卡车司机。2020年卡车司机问题正是这一供需矛盾的体现。——译者注

2014年，亚马逊在美国纽约市曼哈顿区开展了一项针对亚马逊会员的即刻送达服务。

网购商品送达时间越短，客户购物体验越好。从下单到送达，时间控制在一小时以内的即刻送达服务，会给消费者带来极大的震惊和喜悦。

不过，该服务并非凭空出现。在采用倒推思维思考对策的同时，亚马逊在前期有条不紊地做了大量准备工作。

在推出这项服务之前，亚马逊收购了一家破产的百货商店。该商店位于帝国大厦对面的曼哈顿街区。收购时，亚马逊曾对外宣称会有效利用这座位于纽约市中心的建筑。不久之后亚马逊就将其改造成为仓库。

这件事的整个倒推思考过程是这样的：想要提升顾客购物体验→要推出即刻送达服务→需要在曼哈顿建立一个物流据点。

在"一切都由顾客说了算"的方针指导下，亚马逊提出了一个极具前瞻性的宏大愿景，并以此为思维起点进行了倒推思考。从这一点来说，亚马逊的事业始终有一根主线，那就是一切工作都围绕顾客进行。他们不断高速推进新业务，这种速度是众多亚马逊人通力合作下，一点点共同铸就的。

促进亚马逊快速发展的原因之一就是其特立独行的特性。

特立独行意味着与众不同。那么，亚马逊究竟在哪些方面与众不同呢？

最近，亚马逊开始采用无人机进行空中配送，并使用机器人管理仓库，这些举措一度成为社会热议的话题。要理解亚马逊的商业模式和强大实力之源泉，一定要了解领导力准则（Our Leadership Principles），公司内部将它简称为OLP。它由14条内容构成，已经深入亚马逊的公司文化中，公司员工对此非常熟悉，已经成为他们日常工作中密不可分的一部分了。

领导力准则中有一条是创新和简化（Invent and Simplify），其中"创新"是亚马逊人在工作中不断追求的目标。

代表性创新——亚马逊的单页面格式

今天，亚马逊公司推出的各项服务，其实都是从多年前就开始播种培育，如今结出的硕果。

其中也有很多项目并没有取得预期的效果。例如在美国市场发售的一款手机，名为Fire Phone。这是一款亚马逊独自开发的智能手机。发售时声势浩大，但现在却几乎销声匿迹了。亚马逊正是在不断的失败和数次成功中站稳了脚跟，稳固了当今的市场地位。

那么，创新发明的成功案例有哪些呢？

代表性案例是亚马逊网站上的市场空间平台（Market-place）。

亚马逊为其他卖家提供一个平台，供其在网站上展示和出售产品。在这个平台上，除新品外，还可销售二手物品。通俗地讲，就是这个平台还具有拍卖功能。亚马逊于2002年向美国和日本市场推出这项服务。

但是，仅仅只是具有拍卖功能的市场空间平台并不能算是一项真正的创新，真正的创新是采用了单页面格式。

在此之前，亚马逊只销售新品。但杰夫·贝佐斯认为，亚马逊网站应该为客户提供二手物品拍卖服务，这样更能满足客户需求。

然而，当时的二手交易网站中，易贝（eBay）一家独大，统揽美国甚至世界各地的二手物品在线交易业务。亚马逊网站增设拍卖功能，并努力增加用户数量，但效果甚微，犯下了令人痛心的两次错误。当时公司内外充满了质疑声："亚马逊主营业务是新品的零售，销售二手商品的话拿什么与易贝抗衡？"

按常理来说，公司应该就此停止该业务。但是创始人杰夫·贝佐斯坚持认为，二手物品交易可以为客户提供更多便利，他无论如何都不想放弃这一领域。

坚持的结果是单页面格式横空出世。

我们浏览日本亚马逊网站时会发现，一件商品必定只在一个页面中展示。

这并不复杂。习惯在亚马逊购物的用户或许认为这是再平常不过的事情，并不觉得有什么了不起。但这的确是亚马逊公司的创新之举。

首先，一件商品一个页面意味着该商品所有信息都显示在一个页面上。在其他购物网站上，即便是同一商品，也会按照卖家的不同被展示到不同页面上。因此，一件商品一个页面的想法本身就极具创意。

"这家店新品卖××日元""这家店二手卖×××日元"。网站清楚地提示商品价格，让消费者一目了然。可能有人会担心，这样做的话，客人往往会选择便宜的二手商品，导致新品卖不出去。

其实，结果恰恰相反。对客人来说，可选择的商品范围大大增加了。"新的还是二手的？""贵的还是便宜的？""成色怎样？"等，在多种组合搭配面前，顾客更能找到适合自己的商品或服务。

在此之前不为人知的亚马逊市场空间平台，因为一件商品一个页面这种顾客喜闻乐见的格式，逐渐被大家认识并利用起来。

最有利于消费者的卖家才能成为网站首推卖家

一件商品一个页面的形式严格来说指的是每个带有购物车功能的页面只会显示一个卖家，而其他卖家位于下层页面中。

亚马逊让人佩服的是，他们没有在网页上设定亚马逊商家优先于其他商家。他们遵循对消费者只肯对自己来说最有益的商品或服务买单的准则，让卖家之间相互竞争。位于推荐页面首位的卖家，肯定是在综合分析比对商品价格、运费、送达时间等各项因素后才得到了这个位置。因此，如果改变销售条件（例如看到别家价格比我低，我也要降价销售）的话，就很有可能成为网站首推商家。

从消费心理上看，人们往往认为网页最上面显示的才是最好的。在线购物网站中，商家排行将直接决定其销售额。
另外，亚马逊的用户从直觉上认定"亚马逊推荐的商家，肯
定是对消费者来说最好的商家"，所以即便有很多选项，最
后还是选择亚马逊首推商家。

带领亚马逊成功转舵的长尾战略

可能很多人因为长尾战略才知道了亚马逊的名字。这是因为，亚马逊往往被看作是长尾战略的成功典范。

"长尾"意思是指冷门商品的销售总额超过畅销产品销售额的现象。这个概念最早是由美国《连线》（*Wired*）杂志主编克里斯·安德森提出的。据说线下商店中仅占20%份额的畅销品，其销售额却能占到总销售额的80%。不过这一理论并不适用于网购领域，因为网络销售不受卖场面积影响。

正因为是网络销售，所以才有可能实现实体销售实现不了的事情，这种观点深深影响了杰夫·贝佐斯的思想。

自2005年以来，亚马逊的库存方式发生了很大变化。2005年之前，仓库备货比例和线下商店类似，集中储备占销售额80%的畅销品。2005年之后，开始分散备货长尾产品（见图1-3）。

实践证明长尾战略是有效的、正确的。很多人可能并不理解，亚马逊为什么持有大量不易出售的商品，公司又为什么突然做出这种改变。

创始人杰夫·贝佐斯坚信产品阵容越庞大，客户满意度越高，销售也就越好。亚马逊分析了目前为止的数据，找到了长尾战略成功的关键所在。这些数据包括访问缺货商品的人数等，例如，在书店，即便是极冷门的书也会有人想买，若因为缺货，只好作罢。这些情况通过网络数据一目了然。

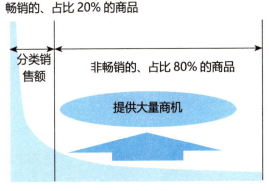

图1-3　长尾战略

一次性采购了30万种图书

亚马逊推出了长尾战略，日本亚马逊一次性采购了30万本书。当时，我已经从采购部调到运营部，所以采购工作是由我的继任完成的。

每种书基本上只买1本，所以采购30万本相当于增加了30万种商品阵容。采购图书时，需要先收集数据，分析哪一类的图书比较受欢迎，然后再委托代理商采购。

当时，公司刚刚在千叶县市川市建成第二仓库。作为商品出入库工作的负责人，我目睹了当时大量书籍入库时的盛大场面。

虽然有大量新书入库，但我也没有放松正常的出入库管理工作。新书一批批到来，一批批入库。我一有时间就与仓库员工一起整理存放。

在亚马逊，产品阵容只能增加，不能减少。

公司的想法是，只要为该商品制作网页了，那么直至该商品从这个世界消失为止，亚马逊都会为其备货，供消费者购买。

据说在日本一年内发行的出版物有7万种左右。出版市场有这样一种销售制度：销路不好的书，可通过代理商退还给出版社。但是在亚马逊，只要入库的图书，即便卖不出去，也不会全部退还给出版社，亚马逊至少会留下1本备货在库。

这意味着仅出版物一项，亚马逊每年就要增加近7万种商品（不包括绝版书籍）。亚马逊的图书，无论规模还是种类，比任何一家代理商和书店都要大且齐全。

这就是亚马逊不断新建仓库的原因。

日本亚马逊上线运营半年后，也就是在2001年6月，亚马逊推出了音乐和视频业务。当时，杰夫·贝佐斯到访日本并召开了员工大会。

当时公司在涩谷的Cross Tower办公，会场就定在离办公室不远的一家意大利餐厅，参加员工大会的人数总计有70~80人。现在，杰夫·贝佐斯已经成为云端人物，想要跟他直接对话非常困难，但在当时我们却做到了与他近距离交流。在例行提问环节，有位员工问道："请问您想过要写自传吗？"

那时，杰夫·贝佐斯已经取得了事业上的巨大成功，我们都认为将成功之道写成书是很自然的事情。但杰夫·贝佐斯的回答却让我们这些听众大跌眼镜。

"哈哈哈（杰夫·贝佐斯的笑声非常有特色，那时也是这种笑声），也不是没人和我提这事。但是我还写不了自传，因为我的事业还没有开始。如果用日常生活来打比方，我的事业不过是处于被闹铃叫醒，然后从床上爬起来的阶段而已。接下来我还得穿衣服、刷牙、吃早餐、启动汽车，然后去办公室。刚起步的我该如何写自传呢？我连第1章都写不了。亚马逊才刚刚起步，今天仍是第一天。"

"每一天都是第一天"是亚马逊员工很熟悉的一句话。每当实现一个大的业务目标时，亚马逊人总是谦虚地说："今天还是第一天，一切才刚刚开始呢。"

我们运营部也经常把这句话挂在嘴边。每当新仓库建成并开启入库作业时，往日的辛苦历历在目。对运营部门来说，这是一个激动人心的时刻。不过，这种激动的心情只会持续一小会儿。这是因为，出入库工作步入正轨之前，仓库运营方面还有很多新的问题在等着我们去解决。我会对同事说："今天还是第一天，一切才刚刚开始。"我们通过这种方式分享快乐的心情，然后整理情绪准备再出发。

对亚马逊来说，今天只不过是开启明天以后未来之路的第一天。

第 2 章

亚马逊的商业模式

亚马逊的成功法宝，超简单实用的商业模式。亚马逊的使命是更快地践行这一模式。

在亚马逊，有一项名为"全球使命"的战略。这项战略自创业至今从未改变，它适用于全球任何一家亚马逊分公司。这一战略类似于日本企业中的经营方针，但比经营方针更为深刻。不论高管还是普通员工对它都有深刻的理解和认识。

全球使命中有2个关键词：一个是客户体验，另一个是选品。

这两个词仿佛有着咒语一般的魔力，亚马逊员工在工作中会不断地提及它们。

客户体验

在亚马逊网站上购物或使用亚马逊的服务，用户不但感到很合算，还能感到很快乐、很有趣。这就是亚马逊人制定的提升客户体验度的目标。公司会议中，经常提到的一个问题就是方案的客户体验如何。

在日本，人们经常说"客户就是上帝"。日本在申请东京奥运会时，曾使用过"极致关怀"这一标语。它的意思是无微不至地关心客户。将客户与最尊贵的上帝相提并论，这一思想已深深扎根于日本人的内心。

然而，现实中有多少企业会践行这一承诺呢？

人们工作中讨论最多的就是销售业绩、利润，在会议中我们甚至会提出这样的质疑：这种不赚钱的项目做下去还有什么意义？

亚马逊当然重视销售业绩和利润。作为营利性公司，需要对股东负责，必须确保一定的利润率。

不过亚马逊赚钱的方式与其他公司有所不同。

在考虑新业务或新项目时，亚马逊人会问提案人，"客户会满意这个项目吗？""这个项目对我们的客户来说真的有用吗？"

如果提案人无法给出肯定的回答，那么很遗憾，该业务或项目将不会被同意开展。

例如，有个方案可以大幅削减成本，只不过物流时间会增加一天。这种方案在亚马逊是绝对不会通过的。不论它带来的收益有多大，只要牺牲了客户的利益，那么亚马逊就不会同意。

亚马逊人始终站在客户角度思考问题，为客户提供最有价值的选择。这就是亚马逊发展到今天战无不胜的重要法宝。

选品

创建一个可以在线查找、发现和购买所有物品的地方，这就是选品的意义。

众所周知，亚马逊起初只销售书籍，现在已经发展到销售各个品种和门类。其产品阵营比任何一家百货商店、超市、家居日用杂货店或电子产品零售商都要丰富。

另外，它的产品大都真实地存放在世界各地的仓库中，配送时间通常只需一到两天，最快的仅需一小时（亚马逊即刻送达服务）。

即便到现在，亚马逊的产品阵容仍在不断扩大。在美国和日本，生鲜食品也都可以送货上门。在美国的亚马逊总部，甚至发起了一项挑战：人们是否可以完全依靠亚马逊生活一个月。遗憾的是，结果出来之前，我就离开了公司。不过，后来听说这个挑战成功了。

顾客选择的并不仅仅只是商品。除了商品之外，亚马逊还为顾客提供了众多选项，例如在配送方式方面，顾客可以选择一个小时便可送达的即刻送达服务，或者当天送达服务；在付款方式方面，顾客可以选择信用卡付款、货到付款、便利店付款等，选项非常丰富。

说个题外话，2001年日本分公司与美国总部确认后才推出了货到付款这种支付方式。在美国或欧洲，人们已经习惯使用信用卡付款。因此，日本亚马逊成立后第一年仅支持信用卡支付。

但是，由于不支持货到付款，亚马逊日本分公司的网站（特别是关西地区）的访问率非常低。出现这种现象的原因是，在关西地区，尤其是在大阪一带，人们使用网络购物时并不习惯先付款后拿到商品。

我和上司向美国总部解释，告诉他们人们的这种心态是关西地区业务发展缓慢的原因，并且建议如果要增加关西用户数量，必须将货到付款列为付款方式之一。

后来，我成了货到付款项目引进的负责人。

不过，亚马逊在此之前从来没有实行过货到付款这种付款方式，因此有必要制定各种法则。例如，添加哪种系统、何时收款、如何收款等。

首先，系统更新工作全部是在美国完成。我来到西雅图，与技术人员充分沟通后，让他们帮忙导入了新的系统。

此外，关于资金流，我们将与代收货款的快递公司进行协商，敲定了货款从收账到入账亚马逊的所有流程。

其中，最难操作的一步就是委托快递公司尽快将收到的货款打到亚马逊账户上。

现在什么情况我不甚了解。但当时亚马逊支持的支付方式是信用卡支付，公司与信用卡公司签订合同，约定在商品卖出数天后，信用卡公司将代客户支付货款。这几天恐怕已经是信用卡公司能接受的最短时间了。当然，信用卡公司要收取高昂的手续费。但是对亚马逊来说，与手续费相比，回款速度更重要。

但是，日本在商业领域大多有着本月账下月底结清的习惯。美国亚马逊总部担心，信用卡付款方式下，现金到账时间（几天后）和日本商业惯例的现金到账时间（几个月后）存在时间差。因此，我们同快递公司交涉，希望他们在送货后数天之内向亚马逊付款，即使因为买家不在而无法配送，也希望他们能够将货款先垫付给我们。最后，快递公司答应了我们的条件，这让我松了一口气。

当然，我也要求公司内部的会计人员建立相关机制以促进货到付款业务的开展。

最终，在支付方式上，我们增加了货到付款选项，为顾客提供了方便。

人们都想要更多的选择

为什么亚马逊在选品方面如此投入精力？杰夫·贝佐斯

给出了非常简洁的答案："因为生活在这个世界上的任何人都想要更多的选择。"

客户体验和选品，每当看到这2个词时，我总会想到2001年全体会议时的情景。

前文中我提到过，亚马逊每季度都会定期举行一次全体会议。会议内容大多为介绍公司业绩、新业务发展情况以及介绍新员工等。

2001年，美国总部的高级副总裁来访日本。在员工大会上，这位副总裁宣布了公司一项重要的人事调整：主持筹建了日本分公司的社长即将离开亚马逊公司。

听到这个消息，大家有些惊慌，感到失去了方向，一时间不知道该怎么做才好。

一名员工向高级副总裁问道："那么今后我们的工作方向是什么呢？"

他回答道："我们永远都应该把焦点放到客户体验和选品上。"

亚马逊为何如此执着于改善客户体验，增加商品种类呢？

这是因为它们是亚马逊商业模式的基础要素。关于亚马逊的商业模式，我会在下节内容中详细论述。

亚马逊自成立至今，一直不断地发展壮大。我认为它的成长正是得益于在创业初期确立的卓越商业模式。

直至今日，很多公司参与了互联网商业经营，却因为各种原因最终消亡。其中的幸存者大都拥有独特的、行之有效的商业模式。

那么亚马逊的商业模式是什么？

又是什么促使亚马逊发展成为今天如此强大的公司？

杰夫·贝佐斯与一位投资人在餐厅就餐时，投资人问他："亚马逊的商业模式是怎样的？"杰夫·贝佐斯在餐巾上画出了一张图（见图2-1），用它解释公司整个运行模式。这就是亚马逊的良性循环商业模式，它包括了之前提到的全球使命，是亚马逊公司的业务框架。

接下来，我将详细分析这一商业模式。

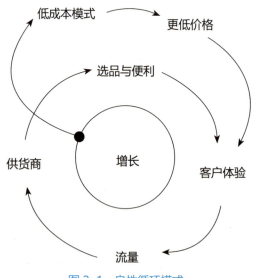

图 2-1 良性循环模式

"增长"位于整幅图的中心，周围有六大要素把它包围起来，要素之间用箭头连接。

箭头不是双向而是单向的，指明了各个要素发展所需依靠的要素。在一个闭环空间内不断发生连锁反应，其结果是增长空间不断扩大。

这是一幅广为人知、高度完整的商业模式图。它是亚马逊取得巨大成功的源泉。只要这种商业模式持续运营下去，亚马逊今后的发展就会越来越好。

下面，我对商业模式中的各个要素进行详细分解。

选品与便利（Selection）

毋庸多言，正如杰夫·贝佐斯经常提到的那样，对客户来说，选择越多越好。

那么，亚马逊商业模式中追求的选品与便利，其真正含义又是什么呢？

第一，商品种类要丰富。在亚马逊网站上，商品的信息都被收集到类目中。企业首先要考虑如何更多地增加商品类目。

如果这种商品还在流通，只要有人愿意购买它，那么就应该将其列入亚马逊的商品类目之中。

在创建商品类目后，能否立刻买到这种商品，换句话说，服务即时性也很重要。在供应链管理部上班时，我曾经多次验证过这个问题。结果发现，购买的便利程度会极大地左右消费者的购买意愿。换句话说，客户将商品放入购物车的概率与是否有现货有很大的关系。

简而言之，商品类目和购买便利程度都非常重要。

2005年之后，亚马逊的备货方式发生了重大变化。之前是根据"二八法则"，集中储备仅占商品种类20%，却占销售额80%的热销产品。之后，为了扩大商品阵营，不断丰富商品种类。这就是人们常说的"长尾战略"。

为了满足客户的多样化需求，亚马逊决定大幅扩大商品阵营，即便有些商品销路并不理想，也要保证有库存。

这样做，顾客满意度自然会提高。在其他各处没有找到的商品，居然在亚马逊网站上可以买到，而且是可以立刻买到的现货，这种购物体验真是太棒了。

客户体验（Customer Experience）

备选商品种类丰富，服务齐全。在这种购物体验下，客户满意度自不待言。在亚马逊找到心爱商品时的喜悦和满足感，一定会让顾客记忆深刻。

有了这样的购物体验，下次不论买什么商品，顾客肯定会首先想到亚马逊。为了购买某种商品，辗转多家商店也没有买到，无功而返的糟糕购物体验和失落的心情，因亚马逊的方便快捷而一扫而空。

但同时这也是一把双刃剑。

期望值越高，受挫时的失望感就越强烈。曾经带给顾客最佳购物体验的亚马逊，一旦没有顾客想要的商品，那么顾客就会伤心失望，短期内不会再回来。

因此，亚马逊非常关注和重视顾客体验。始终站在客户的角度，想顾客之所想，急顾客之所急。

曾在亚马逊有过绝佳购物体验的顾客，会怎样表达发自内心的兴奋雀跃之情呢？

他们会将这种喜悦之情告诉别人。

于是，亚马逊的口碑得以传播。

流量（Traffic）

流量指的是访客人数。

亚马逊的绝佳购物体验带来了良好的口碑，很多新顾客慕名而来。

我们经常在社交软件上看到朋友因为买到了珍品，高兴地把照片分享出来。这种心理很好理解，人们的需求越来越细致。能够买到稀缺的商品，喜悦之情自然不言而喻。在这方面，亚马逊实施长尾战略，商品种类丰富，可以满足顾客的多样化需求，成为人们购物的首选之地。

看到朋友分享的照片，肯定有人会在评论区留言，询问其购买渠道。当事人会告诉他，是在亚马逊买的，很早以前就想买了，却怎么也买不到，没想到可以在亚马逊上买到，特别高兴，所以发出来与朋友们分享。

这样，最佳购物体验形成的良好口碑发生连锁反应，迅速在人群中传播，形成了强大的集客力，顾客数量越来越多，这使得亚马逊生意兴隆。

供货商（Sellers）

说起汇集很多商家的商业设施，人们首先想到的大多是大型购物中心、奥特莱斯购物广场等。近年来，购物中心的规模不断扩大，甚至出现了特大型购物广场，规模大到一天都逛不完。这些购物中心入驻有各种商家，顾客可以在购物中心里享受一站式购物体验。

那么，为什么会出现规模如此巨大的购物中心呢？对于顾客来说，他们喜欢到特大型购物中心购物吗？

我认为，这种特大型购物中心的出现，与其说考虑到顾客的需求，还不如说是为了满足商家的需要。

对商家来说，在客流量大的地方开店更加有利可图。正是这种想法催生出了特大型购物中心。

以上说的是实体商店，网店也同样如此。商家都想去访客数量多的网站上开店。

制造商的心理也与此相同，即使自己不参与网店的运营，也希望自己的产品被访客数量多的网站采购，因为这样能够扩大销量。

这就是众多供货商（卖家、制造商、批发商等）扎堆聚集在访客数量巨大的亚马逊网站的原因。随着供货商数量的不断增加，网站商品越来越多，供顾客选择的范围也越来越广。这样一来，顾客更容易找到他们想要的东西。

也就是说，选品和供货商，其理念都是一脉相承的，每个独立个体的发展相互影响，像滚雪球一样越滚越大。

低成本模式（Lower Cost Structure）

实现良性循环的另一要素是低成本模式，这是一种实现低价策略的机制。

在图2-1中，指向"低成本模式"的箭头来自"增长"，这说明公司规模的扩大、业务的发展可以实现低成本模式。随着公司的发展，其规模和销量与日俱增，规模经济突显。这种行之有效的成本机制可以吸引更多的供货商，为网站带来更多选品和便利。

多个商家汇集在一起后，还会发生另一种现象，那就是竞争。

亚马逊的购物网站正在逐步建立一种商家之间相互竞争的机制，以提高网站的销售额。

查看亚马逊网站上某件商品的详细信息时，就会发现同一商品对应众多卖家。这种页面就是前文中提到的单页面格式。网站会根据各个商家的销售价格和易购程度对商家进行排名，其中最有利于消费者的卖家项下会显示购物车。

有没有购物车，对于商家的销售业绩来说会产生天壤之别。因此，越来越多的卖家为此做出各种努力，比如调整价格、大量备货和免费送货，努力提高客户满意度。商家的这些行为，并不是亚马逊公司要求的，而是在顾客主导的市场竞争激励下的自发行为。

这种促使竞争自然而然产生的机制，不仅仅在销售价格方面发挥作用。网站访客数量多，商品销量随之水涨船高，这样一来，供货商需要大量备货。而批发业者为了和供货商合作，竞相压低自己的价格，这使得供货商可以低价购入商品。

亚马逊采用的基本战略，就是将数量优势带来的收益以调低售价的方式全部回馈给消费者。因此，亚马逊网站上的商品价格一般会比较低廉。

很多卖家集中在亚马逊，实现了低成本模式，这保证了商品能够以低价销售。

更低价格（Lower Prices）

坚持以顾客为主导的市场原理，通过降低采购成本来实现利润回馈，通过这一战略，亚马逊开始以低价格为消费者提供优质产品和服务。

同样的商品，价格越低越好卖，这是全世界的共识。

　　没有人不喜欢以最低的价格就能买到期盼已久却总是遍寻不到的东西。

　　简言之，与选品相同，更低价格也能够极大地提高顾客满意度。

　　公司业务增长带来低成本模式，而低成本模式带来低价格，这同样成为亚马逊公司发展的原动力。

为良性循环加入创新要素的上司

　　我原来的上司，也是目前担任亚马逊日本分公司总裁的杰夫·林田，在良性循环中加上了"创新"（INNOVATION）这一新的要素，并将它的箭头指向了"客户体验"（见图2-2）。

　　例如，之所以网站能够增加电子书类目，是因为实现了支持在电子终端上看书的技术创新。

　　为什么在亚马逊下单当天就能收到货？

　　我认为这是不断攀登创新高峰的结果。

　　上司曾向我们强调，今后要实现公司的发展，创新与选品都会愈发重要。

　　杰夫·贝佐斯经常告诉员工，必须不断播下创新的种子。

　　不单单是亚马逊，任何企业若能在创业初期播下创新的种子，后期都能切身感受到创新的重要性。但是，等到创

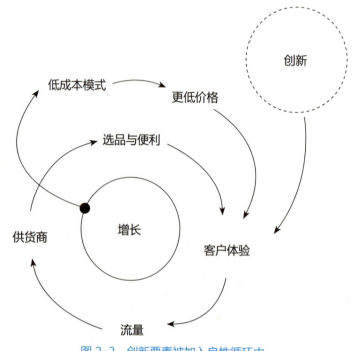

图 2-2　创新要素被加入良性循环中

新的种子开花结果之后才加入公司的员工，却往往没有危机感，导致创新意识不足。

杰夫·贝佐斯不断向大家传递这样的信息，即要摆脱现有观念的束缚，努力大胆地创新。这一点正是亚马逊发展的动力之一。

踏踏实实地不断践行公司的商业模式

写到这里，读者们大概可以了解亚马逊的商业模式有多么出类拔萃了吧。

仅仅有了卓越的商业模式还不够，重要的是日日践行，才能使其发挥应有的作用。亚马逊人做到了这一点，才使企业发展到如此规模。

在亚马逊工作的15年间，我切身感受到了这种商业模式为企业发展提供的巨大动力。

我的第一个职位与采购有关，刚开始与供货商谈判时进展困难。不过，随着亚马逊网站逐步被大家认可，集客力日益增强，我与供应商的谈判变得轻松了许多。

与供应商谈判形势的分水岭出现在我向他们展示网站客户数量以及各厂家在公司网站上的销售额之后。

令对方目瞪口呆的并非单单是销售额，而是其他店铺卖不动的商品、没有销路的商品居然在亚马逊上可以大卖。对方看到这些数据后，态度有了明显改变。

亚马逊凭借出色的商业模式取得了快速发展。合作伙伴经常对我说，在这种商业模式下大家都是赢家。这个结论有点武断，因为任何商业模式都是由人来推动的。不过能让合作伙伴做出这样的评价，足以证明亚马逊的商业模式非常成功。

我有时会想："为什么有那么多人追随容易招致他人误解的杰夫·贝佐斯和他的亚马逊？"或许答案就是因为他之前的预言都一一应验了。我身在亚马逊，相当于坐在距离舞台最近的"特等席"上亲眼见证了杰夫·贝佐斯的预言逐一实现的过程。推动其实现的力量源泉，就是牢不可摧的商业模式。

[专栏]亚马逊的现金流

亚马逊公司的现金流非常充沛。

原因我曾提到过，客户购买商品后，货款会在数日内通过信用卡公司或由物流公司代收后汇给亚马逊。而日本亚马逊在采购商品时却按照日本商业习惯，在30天或60天后付款给批发商。也就是说，出入账时间有几十天的差。

而B2B业务是做不到这一点的。亚马逊之所以拥有充沛的现金流，是因为他们入账按照B2C形式，出账按照B2B形式。

将这数十天的资金余量用来投资其他项目，赚取高额利益。这一点对于亚马逊来说并非难事。因为杰夫·贝佐斯出身华尔街，精通资金运营之道。同时，公司内部还有很多学金融出身、对数字敏感的人才。如果投资，肯定能获得巨大收益。不过，亚马逊通常会将现金投入到创新中，将收益反馈给顾客，我从未听说过公司将资金用于其他投资。

因为当前现金流非常充沛，所以无须从金融机构融资贷款。当公司决定建造一个大型仓库时，手头资金完全可以应付。

换句话说，公司不必向金融机构支付高昂的利息。

如果迄今为止所有的投资资金都是从金融机构借来的，并且将来所有的设备投资也计划从金融机构贷款的话，那么巨额利息将成为企业沉重的负担。而亚马逊轻装上阵，不为贷款所累。所以，今后亚马逊公司的发展将会更快。

第3章

亚马逊的领导力

亚马逊公司制定了 14 条"领导力准则",对领导者的要求尽在其中。

什么是领导力准则

谈论亚马逊企业文化时，必定谈及的一个话题是领导力准则。杰夫·贝佐斯和他的直属下属们组成了一个名为"S小队"的团队。领导力准则便是由该团队制定出来的。只要是亚马逊员工，大家都熟知这些准则，并自觉将其付诸实践。

而经理与领导者是不同的概念。

经理是管理团队的人，他的任务是在某一特定目标的指导下管理团队。

领导者，是带领团队超越现状、引领企业向前发展的人。要成为一名领导者，一定要有对人生、对生存方式的领悟。

领导力准则由14项条文组成。几乎所有员工在加入公司时都会接受相关教育，并且这些准则会张贴在公司各处。亚马逊日本公司的员工脖子上，除了挂着印有员工身份的工牌之外，还挂着印有领导力准则内容的小牌。对亚马逊人来说，领导力准则是不可离身的法宝。

领导力准则最初只有10条。后来与亚马逊的核心价值观

（Core Value）结合在一起，伴随着公司的发展，形成了今天的14条准则。

领导力准则这一名称容易被误解为只有管理者才应该遵守的准则，但事实并非如此。

该准则适用于全体亚马逊员工。亚马逊公司要求所有员工熟知并理解这些准则，并将它们运用于实际工作中。

在人事考核中，除了量化指标外，还会对员工从领导力准则的角度进行考核。

领导力准则14条

①客户至上（Customer Obsession）

②主人翁精神（Ownership）

③创新和简化（Invent and Simplify）

④决策正确（Are Right, A Lot）

⑤好奇求知（Learn and be Curious）

⑥选贤育能（Hire and Develop the Best）

⑦最高标准（Insist on the Highest Standards）

⑧远见卓识（Think Big）

⑨崇尚行动（Bias for Action）

⑩勤俭节约（Frugality）

⑪赢得信任（Earn Trust）

⑫刨根问底（Dive Deep）

⑬敢于谏言，服从大局（Have Backbone； Disagree and Commit）

⑭达成业绩（Deliver Results）

例如，上司在考核下属工作时，会考查该员工在领导力准则实践方面的表现。在亚马逊，无论是管理者还是普通员工，公司都要求他们在言行方面符合领导力准则。

招聘面试时，领导力准则也会作为一项参考标准。对于亚马逊来说，招聘面试不过是要弄清楚，候选人在前一个职业经历中是怎样遵循领导力准则的。

换句话说，在亚马逊，录用新人时不单单看他的技能和业绩，还要看他之后能否促进亚马逊的发展，判断标准就是领导力准则。

访问亚马逊招聘主页时，就可以看到领导力准则的具体内容。以下，通过具体案例来分析说明这些准则。

①客户至上

领导者以客户为出发点思考并采取行动，竭尽全力赢得并维持客户的信任。领导者关注竞争对手，但要把主要精力放到客户身上。（引自亚马逊网站）

这是亚马逊人须持有的核心价值观之一。作为最重视客户的企业，这是亚马逊不可或缺的态度。亚马逊总是以客户为出发点思考并采取行动。亚马逊员工努力工作是为了客户利益，而不是为了打败竞争对手或者赢取最多市场份额。

②主人翁精神

领导者需要有主人翁精神。领导者需要用长远的目光看待问题，不为短期结果牺牲长期利益。领导者不仅要关注团队利益，更要重视公司整体利益。领导者从不说："这不是我的工作。"（引自亚马逊网站）

亚马逊要求员工要有主人翁精神。不要为了让自己工作得更轻松而牺牲长远的宏大目标，失去应得的成果。所有员工都应把自己当成公司的主人。

或许有人会感到惊讶，难道让一个普通员工承担与杰夫·贝佐斯相同的责任吗？其实我想要表达的是，员工对于自己的工作要有主人翁意识，即当成自己的事情认真去做。

如果每个人都能有这种意识的话，便可以在工作中通力合作，才能避免做无用功，提高工作效率。关于这一点，我深有体会。

这种主人翁精神在人事考核、新人招聘时是重要的考查内容。即便14条中其他各项都很优秀，但是只要缺乏主人翁精神，就不会得到很高的评价。不受职务和立场的约束，能够以主人翁的姿态工作的人，才是亚马逊需要的人才。

为什么主人翁精神如此重要呢？

我认为，主人翁精神直接关系到公司的发展速度。公司有众多项目同期进行，其间会出现各种问题，如果每个人都认为问题与己无关，那么工作便很难向前推进。即使与自己没有直接关系，在工作中一旦发现问题，也应立即汇报给负责人，有时还需要协同解决。

③创新和简化

领导者期望并要求自己的团队进行改革和创新，始终寻求使工作简化的方法，了解外界的动态，四处寻找新的创意。有时这些创意并不一定是我们自己想出来的。另外，我们还需要接受将新想法付诸实践时，很长一段时间内可能会被外界误解的情况。（引自亚马逊网站）

有许多企业在公司理念中倡导创新、创造。但是，实际上推出的产品、服务不过是现有技术的应用和现有业务的拓展而已，没有任何新意可言。

相比之下，亚马逊推出了很多真正的创新服务，是从无到有的飞跃。在亚马逊的企业文化熏陶下，员工价值观和日常行为中常可以看到创新和创造的影子。亚马逊通过各种机制培育员工的创造力。

不过，通过在亚马逊工作的15年，我深切体会到，这一条的厉害之处不在于创新，而是创新之后又加上的简化。

不管多伟大的创新，对于顾客来说，如果不简单易用，那便如同英雄无用武之地一般，无法充分发挥出它的作用。

如果有项服务非常棒，可是仅注册就需要1个多小时，那么，你还会使用吗？

如果有件商品，性能非常好，可是必须要读懂100多页的说明书，那么，你还会购买吗？

因此，亚马逊人在创新的同时，还必须思考如何简化这个服务和产品。无论是新服务、新产品，还是已有的服务、产品，概无例外。

奉行简化战略的结果是，亚马逊最终推出了广受好评的亚马逊会员服务。

加入亚马逊会员，便可以获得免运费、无限制畅享影视资料、无限制畅听音乐等特权。在此项服务推出之前，亚马逊也曾推出过各种创新服务。但是，对于用户来说，每项服务都要单独收费，使用起来并不方便。

为此，亚马逊推出了这种综合型服务，每年只需要交纳4900日元会费即可。

客户只需注册一次即可享受所有服务，再没有比这更简单的了吧？

杰夫·贝佐斯经常把这项服务形容成自助餐。他解释道："与其每道菜都需要单独结算，还不如一次性付出一笔钱，畅享所有菜品。这种形式简单易懂，顾客更容易接受。"亚马逊会员服务成功体现了他所说的自助餐的理念。

④决策正确

作为领导者在大多数情况下都能做出正确的决定，拥有卓越的业务判断能力和敏锐的直觉。领导者寻求多样的视角，并且挑战自己的观念。（引自亚马逊网站）

管理者的判断力是业务开展的关键。项目负责人的判断、企业主的判断、管理者的判断、政客的判断……每个判断都会改变世界。领导者一定要能做出正确的判断。

这也意味着领导者需要具备自省意识。经常反省自己所做的决定是否正确。一旦发现问题，应立即纠正。

因为人不可能总是正确的，所以亚马逊为决策正确附加了前提，即大多数情况下决策正确。

人无完人。大多数情况下能够做出正确判断，同时能够清醒地发现自己的错误。这就是亚马逊认可的合格的领导者。

如果亚马逊要求领导者总是做正确决策，那么现在很多业务恐怕早已经"胎死腹中"了。这是因为很多业务在开展初期都处于亏损状态，无法准确预见将来的成功。

从诸多失败中总结教训，不断改善服务，着眼长远发展，不纠结于短期利益，正是如此，亚马逊才有了今天的各项服务。

如果管理层只看重眼前利益，急切盼望成功，那么员工对工作会更加保守，一些伟大的项目将永远不会诞生，前文的创新也将变为一纸空谈。

发现判断错误，只需潇洒转舵，正是这样的企业文化激励着亚马逊人不断挑战新事物。

⑤好奇求知

领导者从不停止学习，不断寻求机会以提升自己。领导

者对各种可能性充满好奇并加以探索。（引自亚马逊网站）

这是最新的一项条目，于2015年加入修订后的准则中。最近加入的条目需要全体员工重新学习。制定公司领导力准则的S小队本着在公司规模发展壮大后，让加入公司的新职员务必保持不断学习、不断进步的精神，制定并追加了这条准则。

世界的变化日新月异。目前的知识储备和专利技术很快就会落伍。如果不时时保持好奇心，不断学习新知识，很快就会被时代抛弃。这一条目传递的信息是，尽管亚马逊已经成为世界上屈指可数的特大型公司，员工们仍不应该满足于现状，要不断地学习，对各种事物保持好奇心。

⑥选贤育能

领导者不断提升招聘和晋升员工的标准，积极为公司选拔出杰出的人才。领导者积极培训和培养员工，创建新的职业发展机制（例如：自由选择职业目标)。（引自亚马逊网站）

众所周知，亚马逊的录用标准非常严格。因为要与众多面试官进行一对一面试，所以面试者很难坚持到最后。

我任职期间曾面试过一千多人。虽然人数不少，但是通过率却很低。

因为亚马逊发展非常迅速，业务非常繁忙，所以需要不停补充人才。招聘者无时无刻不想着尽早填补职位空缺。

尽管如此，亚马逊的录用率并不高。除非真正优秀的人才，否则公司是不会为他提供面试机会的。

亚马逊的用人标准为什么如此严格？本条目对此做出了解释。

杰夫·贝佐斯曾说过"不要担心雇用到比你更优秀的人才"。人们可能会担心比自己更优秀的人总有一天会夺走自己的位置，变成自己的上司。这种担心不是没有道理，但是如果你出于这种原因，而将优秀的人才关在门外，那你本身就变成了公司发展的绊脚石。

做出这样的抉择是非常困难的。但是，真正优秀的领导者，应该心胸开阔，不会嫉贤妒能，不惧推荐比自己更优秀的人才。实际上，这种优秀的领导者很少会被人挤走。

值得注意的是，亚马逊非常关心员工个人的成长。

亚马逊的领导者应关心下属个人发展，为他营造出可以成长的环境。通过定期个人谈话（一对一面谈），找出阻碍其发展的因素，并消除这些因素，给他建议，帮助他成长为能独当一面的人才。

另外，在亚马逊，个人升职须经上司推荐。因此，上司这一角色的重要任务之一就是帮助下属不断积累个人业绩，使推荐信更有亮点。

对于上司这一角色，我经常这样向下面的管理人员解释：

"作为上司，你们的工作就像排演舞台剧。需要各自准备剧目，根据剧目要求搭好舞台，带领演员（下属）完成最高水准的表演，得到大多数人的认可。"

这些部门领导理解并实践了我的理论，像舞台艺术家那样，培养了一批又一批优秀的演员（人才）。

⑦最高标准

领导者始终致力于追求高标准。有时候在别人看来，他的标准似乎过高。领导者不断提高标准，并推动团队交付更高质量的产品、服务和流程。领导者不会做任何不符合标准的事情，一旦出现问题，他们一定会切实地解决问题，并采取补救措施，以防止再次发生同一问题。（引自亚马逊网站）

亚马逊保持高速发展的法宝之一就是它始终致力追求高标准。它的目标不是盲目、不切实际的，而是可实现且超越现有水平的。

亚马逊有一个基本理念，那就是无论市场如何变化，公司一定要比上一年有所发展。亚马逊公司不会降低工作标准，如果今年实现了成本降低5%的目标，那么即使明年市场行情不好，亚马逊员工也会想方设法使成本再降低5%以上，而不是将目标变为3%。

此时，领导者无须独自摸索寻找问题的解决方法。在亚马逊，团队成员共同面对问题并解决问题。

这就意味着领导者不仅对自己有高要求，对自己的团队和其他部门的员工同样也会提出高标准。相互激励机制所产生的协同效应是实现目标的原动力，也是创新思维的源泉。

⑧远见卓识

局限性的思维只会带来局限性的结果。领导者勇于提出大局方针和策略，获得卓越的成果。领导者从不同视角思考问题，探索所有可能性。（引自亚马逊网站）

我们都知道，思维和视野要更开阔，做事情应深谋远虑，而一个人的格局和视野与他的职位、经历密切相关。

因此，亚马逊经常要求员工站在更高的位置思考问题，做出判断。这一点是晋升到更高职位时所必需的思维模式，如果不打破自我认识的藩篱，便很难赢得晋升的机会。人事考核和升职评估时最为重视的是"他是否能从更开阔的视野来思考问题"。

开阔的视野有双重含义。

一种是从高处向下俯瞰的视角，另一种是着眼未来的视角。在亚马逊，即便是短期内不盈利或者进展不顺的项目，只要它是客户所需且有潜力，决策者仍然会坚持该项目的实施。这种情形在亚马逊很常见。亚马逊人正是因为思维开阔且思虑长远，所以才有了强劲的动力将公司发展壮大。

⑨崇尚行动

速度对业务影响至关重要，因为很多决策和行动都是可以改变的，所以不要进行过度的考量。鼓励有准备的冒险。（引自亚马逊网站）

在当今时代，互联网业务的发展速度非常快。用"日新月异"已经无法描述出速度之快，即使用"瞬息万变"来形容亦毫不为过。在这样的背景下，决策速度与执行速度就显得尤为重要。

工作中出现问题，却将它放置不管，这种做法屡见不鲜。为什么呢？因为环境每天都在发生变化，每天都会出现很多问题，人们的目光很快会被其他问题吸引过去。但是，之前放置不管的问题，可能在某天以其他形式重新出现，而且变得比以前更复杂更难解决。

在复杂多变的市场环境中，快速发展的亚马逊，其自身的变化要比市场变化更迅速。如果问题放置不管的话，给亚马逊造成的影响往往比其他企业要严重得多。为此，亚马逊采取2步式解决方案：第1步立即处理，在短期内解决；第2步根据具体情况，查找根本原因并予以彻底纠正。

⑩勤俭节约

我们要用更少的资源做更多的工作。勤俭节约可以激励我们创新、自立和发明创造。团队人数、预算和固定成本并非越多越好。（引自亚马逊网站）

前言中提到过，亚马逊员工使用的门桌象征着亚马逊勤俭节约的企业精神。

杰夫·贝佐斯创建亚马逊时，将家里门板拆下来，装上桌腿后做成了办公桌。这就是"门桌"的来历。为了警示员工不忘初衷，牢记创业时的艰辛，他将该门桌摆放在了美国总部。

亚马逊日本分公司成立时，从美国进口了门板和桌腿，制作了好几张门桌。想必其中一些门桌现在仍在公司的某处发挥着作用。

⑪赢得信任

领导者专注倾听、坦诚沟通、尊重他人。并且敢于自我

批评，即使这样做会令自己尴尬和难堪。领导者不会认为自己或团队总是对的，他们总是用最高标准来要求自己。（引自亚马逊网站）

获得他人的信任也是领导者的重要素质。

要想获得员工的信任，关键是要尊重其他团队和其他部门的员工，听取他们的意见，纠正自己的错误。当别人指出自己的错误时，不要急于否认，而要认真反省，自我批评。

掩盖对自己不利的，主张对自己有利的，那么当虚伪的外表被撕开后，便很难取得别人的信任了。错误本身不可怕，关键看你怎样对待它。

亚马逊要求一个优秀的领导者要勇于承认错误，并及时改正。

⑫刨根问底

领导者深入各个环节，随时掌控细节，经常进行审核，当数据和事实不一致时，要持有怀疑态度。领导者不会遗漏任何工作。（引自亚马逊网站）

在日本企业，一般来说总监等高管人员通常不太了解具体业务。不过，在亚马逊，西雅图的高管们掌握各项业务的细节，这一点让我颇感意外。

但这并不意味着这些高层会干涉工作细节，对下属的工作指手画脚。

在亚马逊工作的15年间，我的上司从来没有对我的工作进行过强势的监督或干涉，也就是说，他并不干涉我的工作细节。在亚马逊，上司基本上都会把权力交给下属。只有当下属工作出现问题、管理指标偏离正常数值时，他们才会做出干预，彻底地找出其原因，对问题进行剖析。

⑬敢于谏言，服从大局

领导者必须要敢于对他们不赞成的决策提出异议，哪怕这样会让人心烦意乱、筋疲力尽。领导者要信念坚定、矢志不渝。他们不会为了保持一团和气而屈就妥协，一旦做出决定就会尽全力实现目标。（引自亚马逊网站）

如果在会议上想表达反对意见，但从自身立场很难说出口时；或者想表达反对意见，却担心得罪人时，你会怎么办呢？特别是当会议再有10分钟就要结束了，这种情况下你会怎么处理呢？

大多数人会选择不表达反对意见，以免引发风波；或者在会后通过其他形式表达自己的观点。

亚马逊不提倡这种做法。反对意见要当场表达，因为你要把自己的观点讲给所有人听，需要说服所有与会人员。在会议中，一旦被对方说服，过后就不可再持异议了。

在亚马逊，持反对意见但却不在会议上表达出来的人，即便事后事实证明其观点是正确的，也绝对不允许发出"看吧，我早就说过"这样的牢骚。为什么呢？因为你当时并没有表达出来，这就表示你已经被对方说服。如果在会议中听了对方的解释之后，你仍觉得他是错的，那就不要妥协，跟他辩论到底。

持反对意见，但是在会议中没有坚持和对方辩论到底。等日后结果出来之后，又冷言冷语挖苦讽刺，这样的人在亚马逊是不受欢迎的。这就是所谓的"马后炮"。亚马逊不会雇用这类人，即便录用了，也不会予以重用。

即使一开始持反对意见，但是一旦被对方说服，就必须尽最大努力去促成对方的方案。

⑭达成业绩

领导者会关注其业务的关键决定条件，确保工作质量并及时完成。即使遭受挫折，领导者依然勇于面对挑战，从不气馁。（引自亚马逊网站）

亚马逊是一家营利性公司。在任何时候，都要对公司的股东、员工以及他们的家人、业务伙伴负责。我们必须保证公司能够健康、快速地发展。要实现这一目标，亚马逊人正面临着各种挑战。

前文领导力准则第4条中讲过，并非所有判断都是正确的，有时甚至很难做出成绩。这时，就应该深挖问题发生的根源，找到自己的不足之处，取得周围同事和合作伙伴信任。行动迅速，同时还应避免浪费。不执着于短期内的成功，而是着眼于中长期的未来，边学边教，不断创新。为了实现更高的目标，要秉持主人翁意识，积极进取。这种管理者才是亚马逊所看重的。

这样做，事业必然会有所成就。最后一条"达成业绩"，是努力执行前文13条准则后的结果。

这些就是对领导力准则的说明。

除了将14条准则做成小牌与员工证一起挂在脖子上之外，亚马逊还想了各种办法让大家真正了解它的含义。例如在运营部门，我为每条准则准备了四格漫画。借用14条准则的首字母，制作了猫、兔和猫头鹰的卡通形象。在主人翁准则的漫画中，便利店的店长是猫头鹰，雇员是猫和兔子。故事是，店长亲自打扫便利店周边的路面时，路过的人们对他说："太好了。谢谢您每天打扫得这么干净！"我把这些漫画故事分发给仓库的每位员工，让他们好好领会其中的寓意。

关于领导力准则的排列顺序，并没有特别的含义。但是把客户至上排在第一位，达成业绩放在最后，则要表达的是一切为了客户，最终才会达成业绩的思想。这种排序方式更能使员工感受到客户的重要性。

亚马逊发展到现在曾出现过很多口号，只不过有些标语现在已经消失了，有的整合到了现在的14条准则中。

消失的标语中，有一条我非常喜欢，叫作"挽起袖子"（Roll Up Sleeve），意思是说，如果有谁遇到麻烦了，那就赶快行动去帮助他。

另外，我还喜欢"自我批评"这句口号。意思是，认真听取对方的意见，反省自己。当别人批评、指责你时，不要不假思索地认为自己是正确的，而是自我反省是否哪里做错了。亚马逊人经常谈论他们最喜欢的口号。我之所以喜欢这个口号是因为有人曾对我说过："将，你的长处是能经常自我批评。"不过，如果让所有亚马逊人投票自己喜欢的标语，我想"客户至上"大概会排到第一位吧。

说到这里，想必您对亚马逊领导者的形象有了一定的了解。

当然，人无完人，谁都不可能具备以上所有特点。但是，亚马逊通过相关机制，让员工努力工作以接近这种领导者形象，并且在录用人才时也尽量注重这方面的考量。

相信很多人都愿意在这样的领导者手下工作。

除领导力准则外，亚马逊人还有十分看重的东西，那就是"理念"（Tenets）。

领导力准则由西雅图的S小队创建，而理念则由各部门内部讨论后提出。这一制度出现得较晚，大致形成于2013年。

理念通常会用到"在我们部门……"之类的限定性词语。

亚马逊所有部门中最早提出部门工作理念的是客户服务部。他们的理念，又可称作客服准则，是关于客户咨询联系时应该如何应对的。该理念有五条内容，分别如下：

第一，为客户答疑解惑。

第二，帮助客户减轻负担。

第三，友好对待所有客户。

第四，设立问题申报机制。

第五，为客户解决问题。

第一条指的是要认真倾听客户的诉求，想客户之所想，急客户之所急。

　　第二条与第一条密切相关。对顾客反馈的问题，展开积极调查，找出问题原因并立即着手解决。如果找不到解决方案，就要想尽办法去帮客户面对这个问题。例如，顾客再次下单就能解决问题，可是客户不明白怎么操作。我们就从后台帮他重新下单，减少重新下单给他们带来的麻烦。

　　但是，在涉及顾客账户信息修改时则另当别论。万万不可接触顾客的地址和信用卡账户等隐私信息。这时，应提醒顾客"请您本人操作"。

　　第三条指的是不要以工作的心态对待客户，而是本着帮助朋友解决困难的心态去帮助客户。不过，措辞方面是需要注意的，不能过于自由随意。应该认真礼貌地跟顾客沟通，要耐心倾听顾客的心声。

　　第四条指的是通过问题反馈机制，向公司报告客户的问题。

　　第五条如字面意思，指的是要真正地为客户解决问题。

　　客服部门在日常工作中应严格执行这些理念。

　　杰夫·贝佐斯在某个文件中看到了客服部门的工作理念，大为赞赏。于是让我们所有部门都制定这种理念。虽说到最后并未推广到全公司，但是后来有很多部门都开始流行在项目开工时制定工作理念。

　　当我负责日本全国的入库管理工作时，我们部门创建了入库准则。比如：做到几小时内货物入库上架、利用科技创新和创意努力减少配送人员的工作负担。

有了工作理念，员工就会明确我们要为客户做什么。按照理念去做就不会出错，反之就是错误的。如果说领导力准则是个人行为准则，那么，工作理念则是对部门和项目的判断标准。

此外，通过部门成员一致的讨论，会让每个人感到自己与大家站在同一起点上。这将成为亚马逊的一种企业文化，深深扎根在每个人的心中。

安东系统和补救工单系统

分享两个与第四条理念即申报机制相关的小故事。

一个是关于安东系统的故事。

当时，杰夫·贝佐斯对丰田公司的改善机制非常感兴趣，想在仓库管理中引进它。他聘用了一位熟知丰田精益生产模式（TPS，Toyota Production System）的顾问，在美国仓库创建了工作室。顾问来到仓库现场，用了几天时间查找问题，然后一一提出改善意见。据说杰夫·贝佐斯也参加了这次调研活动。

杰夫·贝佐斯对其中的安东系统特别感兴趣。运行该系

统后，故障发生时只要按下停车按钮，警告灯便会亮起，生
产线即刻停止运行，监管员会立即检查和维修。杰夫·贝佐
斯要求把这种机制引入亚马逊，并将其整合到公司运营中。

　　具体应用场景是这样的：假设某位顾客投诉产品有问
题，收到的盘子是碎的。于是，客服中心立即受理这个问
题。他们会回应："很抱歉，我们会立即再给您发一个盘
子。"并寄出替换产品。但是，没过多久，顾客再次投诉
"盘子还是碎的"。当时接到投诉电话的客服人员会立即启
动安东系统程序。一旦启动该程序，该商品在网页中就不
能被加入购物车了，该系统同时会向仓库发出检查库存的指
令。待一一确认后，如果发现没有问题，安东系统才可解
冻，该物品才能再次被加入购物车。

　　在考察时，杰夫·贝佐斯说："要授权给每位客服专
员，使他们能够在后台操作网站功能。"

　　一般来说，只有遇到紧急情况、特殊事件才会做出关
停购物车功能这样的重大决定。然而，亚马逊为了顾客的权
益，依然赋予一线普通职员这项重大裁决权。

　　另外一个故事是关于补救工单系统的。

　　在亚马逊，出现问题时网站会自动向出现问题的部门发
出补救工单。也就是说，问题出在自己身上时补救工单就会

不请自到。

这种系统被称作补救工单系统。

以前，我担任图书采购经理时，曾有位顾客联系客服部门，说图书实际定价与网站标注价格不一致。客服部门立即向我所在部门发出了补救工单。经确认，是出版商调整了价格。顾客手里的书，是价格调整之前的版本，因此出现价格不一致的情况。客服人员将情况反馈给了顾客，并得到了对方的谅解。补救工单系统里面收录了世界各地亚马逊分公司发生的各种纠纷问题。

补救工单系统根据问题将对客户的影响程度分为5个等级。其中对顾客影响最大的定为1级，须当场解决。

无论是日本、欧洲各国还是巴西的亚马逊分公司，所有系统问题都由美国工程师负责解决。日本和美国之间的时差约为13小时，日本的中午正好是美国的深夜。因此，如果日本亚马逊网站发生了严重问题，那么身在美国的工程师将会在半夜被叫醒。亚马逊在网络系统上花费了巨额资金，所以会采取24小时轮班制来维护公司网络正常运转。出现紧急情况时，很多人会在半夜被喊去加班。为此，他们常常开玩笑说"日本分公司饶了我们吧"。

第4章

亚马逊的人才招聘

在亚马逊公司有一类人，被称为"抬杆者"，他们是非常优秀的面试官，具有人才招聘裁决权。

亚马逊风格的面试

据说在人力资源行业，亚马逊的招聘能把猎头弄哭。意思是说，猎头为亚马逊物色的人选经常会被否决，他们总是摸不清亚马逊到底需要什么样的人才。我想，亚马逊肯定不受猎头们的欢迎。

不过，亚马逊绝不是通过面试刷人来博存在感的公司。正如领导力准则14条中提到的那样，公司正在飞速发展，各个部门急需人才。

虽说如此，但是并非任何人都可以随随便便入职亚马逊。这是因为在招录优秀人才时，亚马逊有它自己的基本方针，并建立了相关机制以确保招录工作的方向性。以下以经理招录面试为例，解说亚马逊公司的招聘思路和招录机制。

首先，面试的基本流程如下：

第1步，人力资源部会仔细筛查投来的简历，这一步与其他公司相比并无特殊之处。

第2步，将筛选后的简历发送给每个部门。招聘经理（入职后你的上司，也就是你所在部门的部门经理）会查看这些简历。如果有感兴趣的，就会通知人力资源部为他安排面试，进入面试环节。

第3步，应聘人员参加第一轮面试。主要是招聘经理进行面试，有时人力资源部也会派人参加面试。面试时间大概需要40分钟，采用一对一的面试形式。如果招聘经理认为这个人可以进入下一阶段的面试，那么该应聘者就可以进入第2轮面试。

第2轮面试才是亚马逊风格的面试。面试时，从公司内部召集最多5人的面试官团体。这些面试官全部由其他部门的经理级别的人员组成。在这5人当中，一定有一个"抬杆者"。

第2轮面试一般是在亚马逊公司内进行，也是采取一对一的形式。每位面试官的面试时间是40～45分钟。5位面试官一共有5轮面试。面试时间可能不止1天，通常会分2～3天进行。

通过面试成功入职的员工，往往会感叹"没想到公司的面试次数那么多，真是闻所未闻啊"。

面试后开会讨论是否录用

第2轮面试后，面试官们会提交反馈意见。他们按照公司规定的格式，将面试过程中发现的问题和感想记录其中，并投票表决同意或反对录用。所有面试官填完后，参与第1轮和第2轮面试的面试官会聚在一起开碰头会。这时，才知道其他面试官投的是赞成票还是反对票。

参加本次会议的所有人，如果都表示赞成，那么该应聘者将被录取。

如果有人表示反对，那么大家就会针对反对的理由进行讨论。具体来说有2点：一是如果公司对应聘者进行培训，问题能否解决；二是周围的同事能否帮他纠正这个问题。

比如，招聘经理说："关于你反对的理由，我想通过后期培训能够解决这个问题。"提出反对意见的人如果表示赞同，那么这位应聘者就会被公司录用。如果提出反对意见的人说"这个问题是人的本质问题，单凭培训是难以改变的"，那么，这位应聘者将无缘进入亚马逊。

第2轮面试的面试官是怎样选出来的？

参加第2轮面试的面试官，由相关部门的部门经理组成，是从入职后与你所从事的工作有较多联系的人中选拔出的。如果负责第1轮面试的招聘经理想请某个人做第2轮面试的面试官，人力资源部门就会负责联系对方，告诉他有同事想请他参与第2轮面试，并询问他的意愿。如果对方同意了，那么他就成了面试官队伍中的一员。

我是亚马逊日本分公司的老员工，在多个部门工作过，因此经常被喊去面试新人。这些面试既有自己部门的，也有其他部门的，多到让人头疼。有时，每周有十多场面试。我的工作计划表里面密密麻麻地标记着面试日程。

亚马逊为什么要花费大量时间去面试新人呢？

招聘新人是为了将亚马逊发展到新的高度。为此，公司投入了大量的时间和精力。

另外，参与到面试中的亚马逊员工也希望能从多个角度考察应聘者，为公司选出优秀的人才，这样才能为公司的发展注入新的活力。正如领导力准则中的"选贤育能"一项所述，对公司来说，能否招到优秀的人才对公司的发展至关重要。作为领导者，在招聘工作中，不但要对自己部门负责，也要对兄弟部门负责。

还有一个事实，那就是自己部门招人时，也需要别人帮忙。面试官越负责，被邀请参与面试的次数便越多。虽然面试会占据自己的时间，但是如果一味地拒绝邀请的话，那么自己部门招人时，其他部门也不会帮忙。

因此，只要能抽出时间，我都会应邀参加面试。

面试官只看重一点

那么，面试过程中，面试官们侧重考察应聘者的哪些方面呢？

简言之，他们看重的是该应聘者是否符合领导力准则的要求。也就是说，他们并不关注学历，在面试过程中，只会询问你一些简单的问题，例如之前的人生经历等。

在第2轮面试开始之前，招聘经理往往会委托面试官们在一对一面试过程中要侧重考察应聘者在某一方面的素养。这里的"某一方面"，指的就是领导力准则中的某一项。

例如，领导力准则中有一项是"主人翁精神"。其要点是待人接物要具备积极主动的态度。招聘经理会委托面试官在面试过程中深入了解应聘者是否具备主人翁精神。又比如，领导力准则中有一项是"创新意识"，即创造力。有时招聘经理则会委托面试官在主人翁精神和创新能力这两个方面进行考察。

面试官看完简历后，根据招聘经理的委托，突出重点，进行面试。

比如询问应聘者："请问，你在原单位工作时，会主动去做不是自己分内的工作吗？"

"请问在这个项目碰壁时，你是怎么提出这个创意的？"

这两个问题主要是想了解应聘者是否把工作当成自己的事情来处理，在工作过程中如何发挥创造力等。

应聘者在简历中经常较为简略地描写自己的工作业绩。这时，面试官就要进一步询问，应聘者在之前的工作中具体想过什么、做过什么。这样通过细致挖掘，就不会被应聘者在原单位的头衔所迷惑，能够自然地了解到他的真实能力。

公司中有一些"提问锦囊"可供面试官参考。例如，就主人翁精神提问时可以问哪些问题。不过，因为面试官对于领导力准则理解透彻，对下属能进行充分的指导，所以他们面试时完全可以不依靠这些锦囊。

关于面试环境，基本上是在亚马逊公司里的安静的、不受外来因素打扰的房间里单独进行。还有一个原因就是，应聘者大都在原工作单位担任重要职务，如果被熟人看到来亚马逊面试，将会影响他的工作和生活。所以，亚马逊在面试环境方面考虑周到。

公司在文件管理方面也非常严格。招聘会议上分发的文件，会后即刻被收回，由人力资源部门统一管理，个人不得带出。

绝对权威的"抬杆者"

亚马逊的招聘非常合乎逻辑，应聘者大都认为招聘过程很合理。

能做到这一点是因为面试官在面试时注意以下两件事。

一是在招聘过程中，收集与该职位要求相关的信息。

在亚马逊，第2轮面试结束后，面试官要根据招聘部门特别关注的领导力准则条款，在公司招聘系统中详细填写招聘情况。例如"我确认了招聘者的情况""在某个方面我是这样考察应聘者的"等相关内容。而基于个人印象的主观要素，例如"笑容爽朗，给人感觉良好""与朋友相处融洽"以及含混不清的工作业绩，例如"作为领导带领团队完成项目"等，这些都没有收集价值，无须记入系统。

面试官会认真仔细倾听并记录的信息包括：应聘者提出过怎样的创意，又是如何付诸实践、怎样操作成功的。如果他之前的业绩非常优秀，获得全体面试官的认可，那么该面试者就会被录用。因为这件事可以影响一个人的一生，所以所有人对待这个问题都非常慎重。

应聘者昔日的辉煌业绩，能够在亚马逊公司重现吗？

面试官需要注意的第2件事，就是要证明应聘者曾经的辉煌业绩是可以重现的。

达到公司的要求之后，面试官要做的就是确定应聘者的实力在亚马逊也能获得充分发挥。如果他之前取得成功是因为业务伙伴比较厉害，那么当亚马逊在开发客户方面遇到困难时，他的能力便无法发挥。因此，面试官会仔细考察，看他是否在任何情况下都能充分发挥实力，重现优秀的业绩，同时将相关信息分享给其他面试官。

面试结束后，在碰头会上，面试官会互相交流意见，对面试者的优势、之前的工作业绩、未来的发展等进行探讨。

亚马逊公司内的荣誉称号——"抬杆者"

如果招聘对象为经理级别的人员，那么在第2轮面试的面试官中，必定有一人是"抬杆者"。如字面意思所示，抬杆者指的是在跳高时一次次将杆调高的人。在公司内部网站上，抬杆者的个人页面中会标有撑竿跳选手过杆的图标（当然，在面试过程中应聘者不知道谁是"抬杆者"）。

那么，怎样才能成为抬杆者呢？要有一定的面试官经验，在以往的面试中为公司选拔出了卓越人才，受到所有人的肯定。大家都相信如果这个人做面试官，肯定能做出准确的判断。抬杆者的候选人一般是由团队荐举给人力资源部门。被荐举人经过一段时间的培训，成绩合格的，就会正式获得"抬杆者"的称号。获得这一称号后，工资并不会上涨，它仅仅是亚马逊内部的一项荣誉而已。

抬杆者看重应聘者的哪些能力？

那么，抬杆者究竟看重应聘者的哪些能力呢？

其他5位面试官看的是该应聘者是否具有领导力准则所要求的能力，而抬杆者则站在更高的高度上考察这个人。

他看重的是如果这个人加入亚马逊，能否推动亚马逊的进一步发展。

亚马逊在经营上着眼未来发展。因此，必须不断提高自身的标准。对于这一点，不要说公司外部，就算是公司内部，也有很多人难以理解。

抬杆者要预判的是，在不确定的未来，应聘者能否帮助公司的业务顺利发展下去。不论应聘者有多么优秀，如果他的能力仅仅是维持亚马逊现状的话，很遗憾，抬杆者给出的结论将会是"不予录用"。

上文提到过,第2轮面试结束后,参与第1轮和第2轮面试的6位面试官会聚在一起召开碰头会。这6位面试官中,抬杆者具有特殊权限。即使其他5人对应聘者投了赞成票,但只要抬杆者投出反对票,那么最终结果也将是"不予录用"。

面试官的影子培训

要为公司面试经理级别的人员，须接受在职培训（OJT，On the Job Training）。除了需要掌握"说话时不要盯着对方的眼睛看，而是看向对方的喉咙位置"和"听对方讲话时，尽量做出一定的反应，例如点头"等基本面试礼仪外，还应尽量避免提出用"是"或"不是"来回答的死板问题。面试官要深入探究对方的想法和行为，提出开放性问题。我也经常建议面试官们如果想要提问得更加灵活，可以试着使用5W1H分析法[1]来提问。

在职培训的具体方法就是影子培训。坐在优秀的面试官后面，认真学习他们的面试方法。

面试练习者接到人力资源部"请参加今天的影子培训"的通

---

[1] 5W1H分析法：一种思考方法，是对选定的项目、工序或操作，从原因（Why）、对象（What）、地点（Where）、时间（When）、人员（Who）、方法（How）6个方面提出问题进行思考。——译者注

知后，要坐在面试官身旁或背后，观察他主持面试的过程，在此期间不可提出问题。这样，2~3次培训后，下次会进行逆向训练。自己作为面试官主持面试，身旁或身后有其他面试官督查。面试后，会从他们那里得到关于此次面试情况的反馈。

不断招聘新人的公司

亚马逊各个部门经常在招聘新人。灵活的人才招录机制，非常符合亚马逊的风格。

下面分享一下我本人参与的一个面试案例。

应聘者应聘的是运营部门（现场运营管理部门）的部门经理一职。因为我在筹建仓库时担任过招聘经理，因此看完应聘者简历后，我对他进行了面试。

经过仔细询问得知，这个人曾经离职创业过，现在想重新进入企业工作。他的简历上对于过往的工作经历写得并不详细。

因此，在面试时我问了他很多以前的职业经历。得知他原先在某游乐园负责车辆机械维护工作，有许多下属，表现也很好。在面试过程中，当他回答我的问题时说"遇到这种问题时，先用相机拍照，然后……"时，我就知道这个人并不适合我部门的职位，他可能更适合物料搬运部门的设备维护经理一职。

亚马逊会用到很多机器设备（例如传送带和货梯等），因此机器维护工作非常重要。我面试到一半就停了下来，让他稍等。之后，我立即将情况汇报给了物料搬运部门的分管领导。领导赶来后，我将应聘者的情况大概介绍了一下，后半程便改为由物料部门的领导为其面试。面试地点选在了建设中的大阪堺市仓库。当时，仓库正在装修，仓库办公室还没有装修好。物料部门的领导跟应聘者谈完话后，马上做出立即录用的决定。

是否不经面试就能录用到经理级别的人才？

在亚马逊，面试本身也在追求效率。

美国人力资源部经理经常说："大家能否做一些更具创新性的事情？""怎样可以不经面试就能录用到经理级别的人才呢？"如果通过人工智能技术做到无须专人去面试就可招录新人，这才是真正的创新。

如果不用面试也可招录新人，那么面试官们就无须在招聘上花费时间。他们的宝贵时间便可以用在本职工作上。这个创意可以大大提高工作效率。

遗憾的是，直到我离职，这一创意仍未实现。我想，在不久的将来，亚马逊必定会充分利用科技手段，实现这一伟大创意。

[专栏] 亚马逊的广告宣传

据报道，2018年1月下旬起，每个星期天晚上6:30播放的国民动漫《海螺小姐》的赞助商将更换为日本亚马逊、西松屋连锁和大和住宅工业。自1969年以来，该节目一直由东芝公司独家赞助。遗憾的是，东芝公司于2016年出售其家电业务后就不愿再赞助该节目了，并决定于2017年11月正式退出赞助。

亚马逊不但开始投放电视广告，而且还成了高收视率动漫《海螺小姐》的赞助商。这说明亚马逊已经步入了新的战略阶段，开始瞄准家庭市场。

自成立以来，亚马逊一直致力于利用互联网进行品牌推广。具体来说，主要是搜索引擎营销，以及为推荐亚马逊网站的人支付佣金的联盟营销（营销手段），即向那些推荐亚马逊网站商品的人提供一定奖励的方式（在亚马逊这些人被称作"代理"）。

亚马逊会员服务的狮子广告成为转折点

不过，在亚马逊开通了亚马逊会员服务之后，广告投放媒体中又加入了电视一项，这样在日本也能看到亚马逊投放的电视广告了。

亚马逊会员服务的广告内容是这样的。一个小婴儿正在玩狮子形状的毛绒玩具。突然，宠物犬跑了过来，小婴儿被吓哭了，宠物犬无辜地看着婴儿啼哭，有些不知所措。小婴儿的爸爸看到了，立刻在亚马逊会员服务网站上为宠物犬选购了狮子服，让它变身为小狮子。广告画面非常温馨，给人们留下了深刻的印象。在2016年度广告作品好感度排名中，该广告荣居榜首。

到了2017年，日本著名搞笑艺人组合downtown的松本人志等许多来自吉本兴业公司❶的喜剧演员纷纷出现在亚马逊影视服务的广告中。

不单单是在日本，全球亚马逊分公司都将把宣传重点放在电视广告上。例如在美国，亚马逊在职业橄榄球大联盟冠军赛"超级碗"的电视转播中做了商业推广。据说该广告的

---

❶ 吉本兴业公司：日本最大的艺人经纪公司、电视节目制作公司。——译者注

费用高达3亿日元。

在2018年的广告中，搭载了基于云数据打造的语音助手Alexa的头戴式耳机，被送到多位名人的手中，杰夫·贝佐斯本人也亲自出演了该广告。

我的判断是，亚马逊刚开始通过电视广告试水，收集并分析数据，根据当前策略判断出这种投放方式具有足够的成本效益后，才瞅准时机成为《海螺小姐》的赞助商，进一步扩大自己的知名度。

要知道，《海螺小姐》可是日本家喻户晓的经典动漫。当年，亚马逊进军日本市场时（2000年）被看作是新时代的"黑船"，不被人们信任。而时至今日，其知名度和好感度已不可同日而语。成为《海螺小姐》的赞助商正是这一转变的有力证明。作为前亚马逊人之一，我感到无比光荣。

第5章

亚马逊的人事考核制度

亚马逊引进了 360 度全方位评价机制，对每位员工进行多角度考核，在工作中是否遵循了领导力准则成为重要考核标准。

亚马逊在每年的1—3月会进行一次大规模的人力资源考核活动。考核标准有2项。

一项是业绩表现，即员工是否完成了关键绩效指标（KPI）。在亚马逊，关键绩效指标又被称作量化指标，由各个部门的财务团队负责核算。目标是否完成，通过数字一目了然。

另一项是工作中是否能够体现出领导力准则的要求。人力资源部门会评价员工在日常工作中的表现，判断他是否坚定贯彻了公司的领导力准则。

360度全方位考核

业绩方面，可与每周系统提示的指标数据进行对比考核。值得注意的是，业绩考核是一年之中随时进行考核的项目。

是否贯彻领导力准则，则需进行360度全方位考核。在亚马逊，对员工的考核绝非上司一人说了算。经理级别以上的管理人员，在考核时也需要接受来自下属的评价。

人事考核过程大致分为2个阶段。以下以"仓库经理A"为例，做详细说明。

第1阶段是上司、本人、同事和下属的评价阶段。主要目的是看他是否贯彻了领导力准则。

首先，A的上司对其做出了评价。

然后，A进行自我评价，分析自己近阶段的工作，发现长处和不足，并向上司汇报今后的行动指针。

再者，A的上司要求A的3~5名同事反馈A的工作表现。此处的同事是指同一部门或其他部门与A工作来往较多的人员。

此外，系统会自动将评价委托发给A的下属。输入评价内容后，系统会反馈给A的上司。所以，A看不到下属的评价内容。

最后，A的上司根据A的自我评价、A同事和A下属的评价以及上司本人的评价，从多角度判断A是否贯彻了领导力准则。然后，结合A的业绩表现，对A做出初步考核。

第2阶段是校准阶段。通过考核会议，检查第1阶段的评价是否合理、准确。也就是说让相关人员判断对A的初步考核是否合理。

假如同一个仓库中有多位经理与A平级。如果A上司对A的评价标准较为苛刻，而其他几位经理的上司对他们的评价标准较为宽松，那么即使A与其他几位经理的工作状态相似，考核结果也会出现天壤之别。为了防止出现这种情况，A上司的上司就会对比A与其他几位经理的评价结果，进行综合考量。如果他对初步考核结果抱有疑问，认为A的评价结果理应更好一些，那么公司会要求A的同事、下属重新反馈自己的意见，再次验证对A的评价是否合理。

由于A是仓库经理，因此在考核会上，他的比较对象并不仅限于所属仓库中的其他几位经理。公司最终会将他与日本所有仓库经理进行横向比较，然后得出结论。亚马逊在全球各国各地区拥有数十位副总裁，他们先是在所属国家和地区参加考核，最后美国总部对这数十位副总裁进行横向比较，做出最终评价。

亚马逊非常重视人事考核，公司每年都会按部就班地执行考核程序。

反馈意见的内容有什么？

在人事考核的第1阶段是来自上司、本人、同事和下属的反馈。那么，反馈表上究竟写的什么内容呢？

答案是，记录能够体现出领导力准则的工作事实。例如，A的上司让A的一名同事填写关于A的工作表现。他的同事可以这样写："A在这种情况下是这样做的，我认为他的这种做法充分体现了领导力准则。"每个人填写一份反馈表大概需要30分钟，可见员工对于填写反馈表的态度非常认真。

在反馈表中需要陈述事实，因此在日常工作中要留意收集此类信息。

就我本人而言，在负责整个仓库网络运营工作时，手下有十五六名仓库主管。此外，我还需要为其他人写评估反馈，记得当时曾为30余人写过反馈意见。因为要据实陈述该员工的工作表现，所以单靠记忆很难记清每个人的工作表现。为此，我专门准备了一个小本子，将下属的各种工作行为都记录在册。然而，如果有同事委托我写下属以外的员工的反馈意见时，因为跟他们没有太多的工作交集，所以很难据实给出评价意见。这时，我往往会谢绝对方，告诉他因为不了解那位员工的工作情况，所以没办法给出恰当的评价。

同时，在人事考核第2阶段的校准会上，与会人员将根据领导力准则进行讨论。讨论内容例如"A的主人翁意识很强，但是在选贤育能方面有些欠缺"。

领导力准则是亚马逊人的看家法宝。

为员工发放受限股票单位

职位升到经理级（或以上）后，就会与同级别的人进行横向比较。其结果大致分为三种：优秀（占5%）、较差（占5%）、中等（占90%）。

考核结果会影响到两件事。

一是基本工资。亚马逊设有全球分公司工资上调标准，如果人事考核结果为"中等"，则按照标准加薪。如果考核结果为"较差"，则没有加薪。如果考核结果为"优秀"，则加薪幅度稍高于标准。

相比基本工资，受限股票单位（RSU，Restricted Stock Unit）受人事考核的影响更大。

受限股票单位是指自己公司的股票，但是公司会做出一定限制，例如1年或者2年后持有人才能够行使权利（即买卖）。这也是它的主要特点。

说到自己公司的股票，很多人马上联想到"股票期权"（Stock Option）。

现在，亚马逊向员工发放的是受限股票单位，而非股票期权。这是为什么呢？

股票期权有可能会变成一堆废纸

股票期权是以一定价格购买股票的权利。例如，每股15美元的股票期权，意思是无论股票价格如何，都可以用15美元一股的价格购买该股票。如果在股价100美元时购入股票，就相当于每股可赚85美元。

也有完全相反的情况。如果在每股2美元时行使该权利时，理论上你需每股再加13美元。当然，现实中并没有这样的傻瓜。简言之，除非股价超过15美元，否则股票期权就如同一堆废纸。

此前，亚马逊曾为员工发放过股票期权作为奖励。但是，在2000年前后互联网泡沫破灭后，起初每股40美元以上的股票价格一度跌至2美元左右，发给员工的股票期权几乎分文不值。经历了这一惨痛教训后，亚马逊决定改为向员工发放受限股票单位奖励。

受限股票单位可以保证出售股票时的现金价值

受限股票单位和股票期权的区别在于，它可以保证以市场价格获取利益。

如果在每股100美元时卖出，那么每股就能获得100美元收益。如果在每股2美元时卖出，那么每股就能获得2美元收益。因此，无论股价怎样暴跌，持股人都可兑换成实实在在的利益。

不过，前文已经说过，该股票是有附加条件的，即必须在亚马逊工作一定时间后才能行使权利。

留住优秀人才的手段

要留住优秀人才，对于亚马逊来说，受限股票单位比股票期权更有效。理由如下：

第一，受限股票单位可以实实在在地将具有现金价值的奖励发放给对公司发展有贡献的人。

第二，受限股票单位可以激励优秀员工长期留在公司工作。因为只有在职工作一段时间后才可行使该权利。除此之外，如果员工努力工作，帮助公司大幅提高股价，他也可以从中获得最大收益。

从管理角度看，第二个理由更为重要。因此，在发放此类股票时，公司设定了很多条件。例如，根据今年考核结果，公司将会为员工发放股价15美元的股票100股，但发放方式为分期发放，具体为：1年后发放25股，2年后发放25股，3年后发放50股。

受限股票单位发放数量由考核结果决定

受限股票单位又被称作年度补助金，基本上每年发放一次。员工到手的股数与其考核结果有很大关系。

如果人事考核结果为"中等"，则受限股票单位发放数量与标准相当。所谓的标准指的是作为可分配的公司资金，最多可以分配的数量。

如果考核结果为"优秀"，则发放数量最多可超出标准50%。如果连续多年都得到较高评价，那么发放数量会逐渐提高。随着公司的发展和股价的上涨，经过一段时间后受限股票单位的数额能产生巨大的差异。

但是，如果考核结果为"较差"，那么很遗憾，这就意味着得不到公司发放的受限股票单位。没有加薪，也没有受限股票单位，有时甚至还会被降职降级。

第6章

亚马逊的量化管理机制

在亚马逊，人们将关键绩效指标称为量化指标。它由各个部门的财务团队制定，每周提交给美国总部审批。

让亚马逊越来越强大的量化指标

在这里，我想大声告诉读者亚马逊变得如此强大的秘诀。

那就是，采用数字，即指标方式将细节管理进行到底，彻底执行螺旋上升的PDCA循环[1]。

亚马逊建立了一套完善的量化指标管理机制。公司的所有活动都可通过数字，即量化指标进行管理。

"本周的目标是什么？"

"上周目标完成率如何？"

所有这些都可通过数字进行量化表示。

先从公司整体目标这一较大的数字开始，然后逐级分解，最后落实到每个具体的部门进行目标管理。比如本周、本仓库、本条流水作业线的目标数值。也就是说，在亚马逊，不论身处哪个国家哪个工厂，每位员工都很清楚自己本

---

[1] PDCA 循环：将质量管理分为 4 个阶段，即计划（Plan）→执行（Do）→检查（Check）→行动（Action）。——译者注

周的量化目标以及上一周量化目标的完成情况。

下一年度的量化指标须与美国总部进行艰难交涉

如前所述，亚马逊的零售、运营和服务部门都是垂直管辖的，每个部门都有专门的财务团队。

每个部门财务团队的主要任务之一就是在编制预算时制定各种管理指标，即所谓的关键绩效指标。在亚马逊，由于关键绩效指标又被称为量化指标，因此以下均使用量化指标这一说法。

接下来说的是量化指标的制定流程。以我长期任职的日本亚马逊运营部的量化指标为例。

下一年度的指标由美国运营总部财务团队和日本运营部财务团队对接沟通。当然，指标制定之前也需要部门经理等级别的人员参与讨论，提出合理的意见和建议。

就量化指标与美国总部的交涉，往往会持续数个月。其中，交涉最为艰难的阶段是6—8月。因为在这一阶段，需要向美国总部阐明分公司的基本工作方针。

即便日本分公司提出了非常高的工作目标，对方也不会轻易点头，他们常常会调高撑竿跳中横杆的高度。对方也绝对不会说"你们的业绩已经达到了相当的高度，维持现状就可以了"，而是会问我们"有没有可能进一步降低成本"
"有没有进一步压缩预算的空间"。

例如，向总部申请在仓库引进一套新的设备，投资大概
需要2亿日元。美国总部会说"不行，最多批准1亿日元"，
就这样很干脆地驳回了我们的申请。

此时，我们别无选择，只能重新考虑新的方案。

基本思路有两条。一是在设备投资方面想办法，也就是
说有没有可能按照美国总部的要求，将投资额控制在1亿日元
内，或者能不能将设备投资压缩到1亿5千万日元左右。

二是通过提高生产效率缩减人工成本，以原定的成本完
成运营工作。也就是说设备投资虽然花掉了2亿日元，但在其
他地方把这笔费用节省出来。

这样，我们想尽办法提出了新的方案后，才得到"下一
年度基本上请按照该方案进行"的批复。这一番交涉着实让
人大费周章。

"要把钱花在刀刃上"

实际上，我在亚马逊工作期间，就曾发生过提议被美国
总部否决的事情。我向美国总部申请筹建一座新的仓库，但
却被很坚决地驳回了。他们的回复是"提高现有仓库的空间

利用率就可以，不用建新的"。

我争辩道："现有的仓库空间不足，货物入库很困难。"但对方回复："如果每个货架的利用率提高10%左右，2年内都不必建新仓库。"很明显，对方对数字十分敏感，可以很快进行模拟计算并做出判断。事实证明，总部的决策是正确的。

尽量减少不必要的金钱支出，钱要花在刀刃上，这些都体现了亚马逊勤俭节约的精神。

出于以上考虑，公司认为与其花费巨资引进设备，不如设法提高现有仓库的人工作业效率。因为筹建新仓库，除了购置土地、设备，建设仓库外，还需要雇佣新人，增加新的租金成本。而提高现有仓库的空间利用率，仅仅增加一些人工成本就足够了。

增加库容、提高利用率，看似简单，实际操作起来并非易事。如果设置得不合理，那么取货时就会出现很多麻烦，甚至可能找不到货物。我们在保持现有存货管理精度的同时，想方设法提高库容率，最终实现了这一数字目标。

为什么美国总部对我们的申请设置如此多障碍呢？我想他们想要传达的信息就是不要停止思考。不要去想为什么做不了，而是想办法让不行变为行。美国运营部门的负责人经常把"让不可能变为可能"挂在嘴边。一定要尽最大努力来做，除非实在没办法完成。只要肯开动脑筋，基本上都能做到。这就是亚马逊最基本的思维方式。

重要指标要定期向美国总部汇报

经过数月的艰苦交涉，最终敲定年度目标后，紧接着需将其分解为本周、本仓库、本流水作业线的目标数值，然后逐级落实。这一点适用于各个部门。作为亚马逊员工，每个人都很清楚这一周的工作目标以及上一周的目标完成情况。

亚马逊日本分公司的关键指标报告（例如总体销售额、各商品门类的销售额、运营成本等）会自动生成，每周都会发送到美国总部。而重要指标则需要通过电话会议直接汇报给总部。

另外，关于运营中特别重要的指标，例如出入库数量以及安全、质量、成本、配送的相关指标，日本运营部门会在两周一次的视频会议中直接汇报给美国总部运营部门的最高负责人。

如果有需要特别注意的地方，则会在报告中详细说明。例如"发生了一次送错货的事故，事故原因是……""单位运输成本增加了5%，是因为……""交期延迟率上升了

0.01%，是因为……"这样，分公司需要向总部汇报发生的具体问题和原因，然后确认问题解决情况。我本人曾多次做过这样的汇报。

　　总部人员听到报告后，不会简单地说一句"做得不错，散会"。他们会对照数字，对于那些目标数值完成率低的，当场查明原因。如果我们陈述的理由事实不清、模棱两可，对方便会追问："真的是因为这个吗？"然后，当场一起讨论解决方案。

　　总而言之，PDCA循环机制时时刻刻贯彻在各种业务活动之中。

量化管理机制的重要性

在本节中，我想谈谈离开亚马逊后，对量化指标重要性的切身感受。

我在亚马逊工作了15年，对制定量化指标并依据该指标进行管理司空见惯。离开亚马逊后作为多家公司的管理顾问，与企业管理人员交谈时，发现他们对于亚马逊这种司空见惯的管理方式感到不解，对此我感到非常惊讶。

大学毕业后，我的第一份工作是在一家名为世嘉集团的公司，负责游戏机和游戏软件的生产管理。

因为公司属于制造业，所以我用数字来管理生产目标和进度，并将各种数据汇报给我的上司。例如"本月月底前计划制造出10万台设备，截至今天已完成62%"。

看似严谨、完整的数据分析，与亚马逊的数字管理相比，不过是预测数据和实际数据（即计划和实际）的对比分析而已，非常小儿科。如果是在亚马逊，这种情况下上司会问我："如果生产进度滞后，要采取怎样的补救措施？"

这时我就一定要想出具体对策才行。但在世嘉集团，我向上司表达了对进度缓慢的担忧时，上司追问"下一步你打算怎么办？"我只是回答了"尽力而为"，这场对话就草草结束了。因此，与其评价世嘉集团在数字管理方面做得如何，还不如说是我本人当时在用数字管理方面过于笨拙。

PDCA应高速运转

在亚马逊，不会出现上面提到的"你打算怎么做""我尽力而为"这样的对话。项目进展不顺利时，上司会要求下属制订补救计划并提出具体补救措施。

在这样的环境下，所有亚马逊人对数字都保持着高度敏感。

"经常查看量化指标，努力完成。"

"反复确认是否难以完成目标。"

"考虑如何解决问题。"

"考虑替代方案，改善量化指标。"

不是由别人告诉你怎么做，而是你自己主动做预案。

如果出现问题，应该立即采取行动解决问题。亚马逊的PDCA循环周期很短，工作效率非常高。

对工作目标进行量化管理

我曾经认为将工作目标进行量化管理是一件非常正常的事。在亚马逊任职时，我经常在会议中询问下属："你的项目怎样才算成功？有没有具体的指标？"在亚马逊，无论项目的规模大小，撑竿跳竿中横杆的高度都是非常明确的。

但是，当我离开亚马逊来到"外部世界"时才发现，在自己的认知中理应如此的事情并非如此。

我认为无论任何行业，所有的业务都可以用函数$Y=F(x)$来表示。Y指的是较高级别的关键绩效指标（如销售额），x指的是较低级别的关键绩效指标（如影响销售额的因素）。

将销售额代入方程式后，形成等式销售额=F（影响销售额的因素）。以下进行详细说明。

x指的是什么呢？它指很多要素，例如客户数量、产品单价、采购成本、人工成本、设备成本、广告成本等，所有这些因素都会影响Y，即销售额。

但是，当我从事企业管理咨询后发现有许多公司只确定了Y，即销售额的指标，却没有制定x，即影响销售额的因素指标。这让我非常诧异。例如有的公司打出了"销售额达到100亿日元"的口号，可是并没有制订明确具体的实施方案。此时员工们就会非常迷茫，他们不知道怎样做才能实现这一目标。除非出现奇迹，否则100亿日元的业务目标根本无法实现。

可能有人会嘲笑道："除了'销售额达到100亿日元'外，再没有其他指标？有这么愚蠢的公司吗？我们公司可是每个月都有销售指标的。"

但实际上，大多数公司都是这种类型：不在意诸多可以影响销售额的因素，只为销售部门定下了量化指标。并且这些指标都很笼统，即便没有完成，也不会采取任何补救措施。

事实上，要完成销售额达到100亿日元的目标，需要营销部门吸引12 000名新客户，需要销售人员销售给8 000人，需要采购人员把单位成本再降低1 000日元。也就是说，这一方程式需要所有部门通力合作，共同完成。

在此基础上进一步分解目标，比如营销部门要增加12 000名新客户，那么平均到每个月之后，就是每月增加1 000名、每周增加250名新客户。如果现有计划行不通，那么就要制订替代方案，努力完成这一指标。这样，就可将年度目标细分为月度目标和周目标，并提出替代方案。

作为企业管理顾问，我会询问公司员工："你在本月的工作指标是什么？当前目标完成率是多少？"通常情况下，他们对此一无所知。

因为没有进行量化管理，所以发现不了工作的潜在问题。即使能发现问题，也往往难以及时想出对策。

目标量化的方法

目标量化的方法总结如下：

（1）分解目标。

首先，建立量化管理机制，确保所有工作都能通过量化目标进行管理。其次，执行以下步骤：

- 确定公司年度销售量化指标。

- 确定各部门的年度量化指标。

- 将年度指标细分为月度指标，再将月度指标细分为周指标。

- 思考达成目标的举措。

- 思考目标未完成时的替代方案。

- 汇总指标。

将以上步骤的数据汇总至Excel表，这样就可建立简单的工作机制。因为都是自己的分内工作，因此制定数字目标并不困难。

（2）使目标可视化，定期跟进检查。

目标确定后，还要将目标可视化，并定期跟进检查目标的完成情况，步骤如下：

- 将年度指标、月度指标、周指标可视化，与部门的所有成员共享该信息。

- 确定由谁、以怎样的频率、如何检查目标完成情况。

- 使完成情况可视化。

最常见的问题就是量化指标虽然制定出来了，但却只存在于电脑中，没有执行。我在亚马逊工作期间，为了避免出现类似问题，要求下属在使用电脑制定指标之后，再把它们写到白板上。

仓库的出库作业，在时间上以小时为单位分解量化指标。例如在白板上写大大的数字"9:00—10:00，95/100"。这样就能够向现场工作人员明确传递这样的信息：在刚刚过去的这一小时内，目标完成率仅为95%。接下来一定要加把劲，把进度赶上来。

设定量化指标是自我确定是否正确的行为

诚然，当今的商业环境已经发生了巨大变化，很难有所突破。于是，很多企业便怨天尤人，将业绩不好归咎于环境因素，认为我们所处的是一个没有正确答案的时代。

然而，我想说的是，正因为当今时代没有正确答案，所以才要自己主动设定目标。

只有这样，员工们才不会犹豫不决，才不会感到迷茫。

这是公司发展过程中非常简单有效的做法。

对量化指标完成情况的跟进时机非常重要。如果上司拿着过了一个月才汇总好的数据对下属说："业务进展好像不太好啊。"这时，下属肯定会想："项目都做了一个月了才来问我情况，为什么不早点说呢？"。如果上司追究原因的话，下属也许只能回答："时间过去太久了，记不清了。"最终导致的结果就是出现了进展不顺利这一问题，却没有及时采取改进措施就继续下一阶段的工作了。

如此看来，如果在不恰当的时机跟进下属量化指标的完成情况，效果可能会适得其反，不但不能敦促员工改善工作情况，反而会打击他的工作热情。告诉下属这些数字无非就是为了督促他们努力完成目标。至于告知的频率是每天一次，还是每周一次，要根据具体情况而定。

平时不告诉员工任何量化指标的完成情况，只是要求员工要努力工作的公司，是对员工极其不负责任的。说明这家公司根本不打算公正地对员工进行业绩考核。这种公司，只能凭借上司的主观感受来评估员工的工作。

亚马逊正是因为尊重员工的辛苦付出，为了给出客观公正的评价，才制定了量化指标考核机制。

亚马逊秉持对顾客忠实守信的宗旨，致力于提供最周到的服务。对亚马逊来说，自然灾害发生时的应对措施是非常重要的。特别是对于我曾经长期工作过的运营部门来说，这一点尤为迫切和紧要。

收到降雪或台风等天气预警时，我们会提前3天做好应灾准备。运营部门负责人会聚在一起，商讨紧急情况下的应灾处置工作。

亚马逊仓库遍布全国各地。我们需要推演供应链各个环节的变化情况，包括哪些仓库会受到影响、预计损毁程度有多大、如果电车停运有多少人可以上班、原计划配送的货物要延迟多久等。

如果通过推演发现会因为大雪造成人力不足，最多只能按照日常标准60%的水平发货，这时就会在网站上更新快件到达时间。如果比平时晚一天才能送达，就会通过系统标注"某月某日以后订购该货物时，订单要2天后才能送达"等信息提示顾客。

灾害发生时，亚马逊员工会更忙。公司会增加与终端配送人员的联系，收集诸如"东京、名古屋、大阪等地无法正常配送"等信息。然后，每隔2小时，相关责任人员会通过电话会议商讨对策，应对时刻变化的天气。

有时，客服会主动发邮件联系买家，告知货物迟延信息。亚马逊主张绝不可辜负顾客的期待这一理念。如果有特殊情况发生，一定要提前通知顾客，寻求顾客的谅解，在此基础上，与顾客共同面对并解决问题。

吸取日本"3·11"大地震的教训

如何应对雪灾和台风等自然灾害？亚马逊的应灾机制是在2011年3月日本东北地区发生大地震后才建立起来的。

那一天，我与上司杰夫·林田以及运营部门的其他主要成员在大阪府堺市出差。

美国总部很快收到日本发生了大地震的消息。总部立即与位于东京的日本分公司联系，可当时受地震影响，电话根本打不通。新干线等铁路网全面停运，我们无法返回东京，只能滞留在大阪。当时，公司马上决定以大阪为中心，每天早中晚三次通过电话会议向美国总部汇报东京的情况，商讨应对之策。

当我们设法与灾区取得联系后，得知五个仓库中，市川和八千代这两个仓库已经遭到严重破坏，必须关闭。几乎所有的商品都从货架上掉了下来，货架也倾倒了很多。仓库里办公室的天花板塌陷，太过危险不能进入办公。传送带也因摇晃错位，无法使用。当时亚马逊的出货能力损失了70%左右。

于是，我们立即在网站上做了调整。顾客只能买到可运营仓库中的商品，其他仓库中的商品取消添加购物车功能。第二天，也就是3月12日一早，网站调整完成。

如果调整晚了的话，就会发生严重的问题。因为3月12日当天矿泉水等应急商品的购买人数出现了爆炸性增长。如果他们完成下单，那么必定会期待早些收到这些商品，而不会再去其他商家购买了。如果商品无法出库，在当时的情况下，甚至会危及灾区民众的生命。这些都是救命的物资，马虎不得。

同时，我们竭尽全力尽快重启已关闭的仓库。因为余震不断发生，所以只能派少数人进入仓库工作。大部分的仓库工作人员、委托出货的第三方虽然去了仓库，但是却帮不上忙，只能干着急。

公司当时的举措还有，首先告知仓库员工，公司会保障大家的基本生活，请在家里等待复工通知，工资也会一分不少地发放。然后通知第三方公司，他们产生的损失亚马逊承担一半。仓库重启后，最关键的是要有人来上班。我们最担心的是没有员工工作，公司便无法运转，所以当时想尽办法安抚员工的情绪，劝阻员工离职。

在业务恢复之前，我们需要关注的是信息的正确与否。地震发生后，各种信息混杂在一起，难以判断它们的真伪，也就难以采取正确的措施。

亚马逊日本分公司通过电话会议分享信息，相关人员共同商讨下一步的应灾措施。一旦确定便立刻行动。这种工作流程非常合理，并卓有成效。公司还建立了一整套完善的信息共享机制，不但各部门之间，整个公司，甚至是第三方合作伙伴和物流配送人员也可分享灾难有关的信息。

该机制是以日本"3·11"大地震发生后的处置经验为基础发展而来，目前已成为亚马逊日本分公司危机管理措施的根本制度。

第 7 章

亚马逊的创新精神

亚马逊设有多个奖项，表彰员工的创新精神。就
连会议也有各自先沉默 15 分钟的独特规则。

激发员工不断创新的表彰机制

如本书前言所述，亚马逊制定了一个名为"门桌奖"的员工奖励制度。该奖项将授予那些大幅降低运营成本、提高顾客满意度的员工。获奖者将获得一个迷你门桌，它象征着公司成立时提倡节俭的精神。

杰夫·贝佐斯在这个迷你门桌上亲笔写下了"一切都由顾客说了算！"的字样。这句话集中体现了亚马逊的经营理念。

"门桌奖"是亚马逊内最具权威的奖项，同时它也是一种有效的激励机制，旨在激励亚马逊员工发挥出创新精神。

除此之外，亚马逊日本分公司还为员工颁发其他3种奖项，它们分别是：

（1）想做就做奖。

这个奖项是为了表彰那些行事果断的员工。

（2）创意发明奖。

该奖主要授予那些提出了实用创意和获得专利的员工。获奖人会获得一块镂空塑料板雕刻成的拼图艺术品。

（3）团队奖。

当来自各个部门（不仅仅是同一部门）的人们共同努力取得优异成绩时就可获得该奖。获奖人会获得一个迷你足球。

所有奖项均采用提名制

亚马逊基本上每个季度都会召开一次全体员工大会。会议期间将进行各奖项的颁奖仪式。其中，"门桌奖"和"想做就做奖"是世界各地分公司通行的奖项，因此其他分公司也同样会进行这两个奖项的颁奖仪式。

颁奖前的步骤

首先是提名。在全体员工大会召开前的约一个半月，负责汇总奖项的管理团队会向所有员工发送一条提名获奖人的信息。上司、相关部门或同事收到该信息后，如果心中有想要提名的个人或团队，需先简单归纳一下该员工或团队的工作业绩，然后提交提名。

提名被提交后，管理团队会先进行预审，如果觉得这个人没问题的话就会进一步征求提名人的意见，要求他们细化推荐理由。再最终确定获奖人选。

该奖项的重要意义在于认可

获奖人得到的并不是奖杯，而是迷你门桌或其他物品，并没有特别的金钱价值。

这些奖项的重要意义在于认可，即得到同事们的好评。让同事了解、认可并感谢你的工作表现——这种荣誉感不是金钱能买来的。获奖人大都很乐意将迷你门桌或其他物品摆放在办公桌上。

事实证明，它的激励效果非常明显。因为获奖者通常都业绩突出，在年度人事考核中，这一点能成为加分项，而且对升职来说也非常有用。上司们在讨论是否要给某位员工升职时，当获知他曾经带领团队拿过团队奖，那么他的晋升之路会更顺遂。

为了让下属获奖，我一直努力寻找他们工作中的闪光点，并积极地推荐他们。同时，经常提醒同事们一定要从自己部门中推荐一个人，即便他表现得并没有那么完美，也要积极推荐。

当人们每天怀着"我想获奖"和"我想让团队获奖"的想法工作时，很多创意就会自然而然地进发出来，给工作带来莫大的动力。在我工作多年的运营部门里员工们会经常讨论如何提高工作效率、改善运营成本。每当有人提出了一

项好的建议时，大家便鼓励他，告诉他这个创意有可能拿到
"门桌奖"。这样，他的工作热情便会瞬间高涨。

现在我依然清晰地记得当年运营部门赢得"门桌奖"的
情形。当时的获奖理由是"该提议可大幅降低包装材料的成
本"。我们在分析包装材料相关数据后发现，可以通过减少
纸箱规格种类来节省成本，另外改良信封材料后可代替纸箱
邮寄商品。这些方法可以大幅降低成本，广受好评，因此运
营部门获得了该奖。

不可使用幻灯片做报告

在亚马逊有一项基本要求，那就是说明性材料应以文本形式书写，而不可只列举要点。很多公司都在使用幻灯片做报告，形式多为逐条列举。但是，亚马逊禁止使用幻灯片。

为什么呢？因为过后需要翻阅这些资料时，资料本身必须内容翔实，能让人理解它的意思。

虽然使用幻灯片进行演示时，可逐项列出关键词句，清晰易懂，而且有时还会包含视频内容，令人印象深刻。除此之外，演示者还可根据关键词句逐一发表自己的见解，顺利的话，还能营造出一种大家共同参与的感觉。

但是亚马逊却认为，使用幻灯片进行说明的话，在会议结束后会出现问题。例如，当与会者对各要点的理解有偏差，忘记当时演示者是如何解释的时候，容易围绕当时是否说过某句话起争执。

实际上，亚马逊一开始也是使用幻灯片做报告的，到了后来才禁用该方法。发出禁令的不是别人，正是杰夫·贝佐斯。

杰夫·贝佐斯每周在公司内部会议上要听取数十人的汇报，他不可能记住所有人的报告内容。当他想重新查阅这些材料时发现，完全不知道这些人想说什么。这一度让他非常生气。

于是在2006年前后，总部要求不允许再使用幻灯片制作那些花里胡哨的东西了，所有报告都要做成文本格式，并且文本材料应通俗易懂，便于理解。

把要点全部写到一页或六页纸上

文本内容不可拖沓冗长。篇幅一般限制在一页A4纸或六页A4纸内。我们过去称其为单页汇报和六页汇报，根据材料内容选择使用一页或六页汇报。

业务报告等文档类基本上要整理到一页纸上。

例如，针对业务问题进行汇报时，要将问题的具体内容、查明的原因和实际对策整理到一页纸上。当然，也需要写明具体的事实。

亚马逊公司里的文件大都汇总在一页纸上。

而年度预算和大型项目的计划书一般整理到六页纸上。项目计划书要简单总结项目概要、资金来源、目标指标等内容。

图形和表格以附页的形式添加在内，不计入页数。

要求有较高的写作能力

杰夫·贝佐斯很喜欢看书，他有很强的理解能力和写作能力。据说，他过去曾感叹公司员工的写作能力不过关（其实我觉得员工写得也还不错），并开玩笑说"要不要在公司面试环节增加写作能力测试"。写出条理清晰、内容简洁的文章是亚马逊员工的必备技能。

值得一提的是，杰夫·贝佐斯的那句话现在已不再是玩笑，如今入职考试中就有写作能力测试一项。

此外，如果你晋升到经理及以上级别时，还需要用英语写材料。因此，这一级别以上的员工必须具备英语写作能力。在亚马逊就职期间，我就一直用英语写材料。

我认为比起日语，使用英语更容易简洁明了地表达自己的意思。

英语不是我的母语，英语的修辞手法我也知之甚少。这便使得我在写作时尽量用简单的词汇陈述事实，这样做反而避免了长篇大论，让我的报告显得简明扼要。很多人想要加入亚马逊发挥自己的才能，但又担心英语不过关。我想说，放心大胆地加入吧，只要具备基本的英文表达能力，就无须太过担心。

说句题外话，如果要我用一句话概述对杰夫·贝佐斯的印象，那就是他无比聪明。英语不是我的母语，说起来总是磕磕巴巴，词汇量也少得可怜。即使是这样，他也能立即明白我要表达的意思。因此，我与杰夫·贝佐斯沟通起来毫无压力，让人倍感轻松。

此外，我还发现他是一个善于思考的人，且格局远超我们。他听完汇报后会总结说："也就是说……，是吧？"他看得比我们更远，所以，向他汇报的人经常会发出这样的感叹："问题根源原来在这里，我怎么没想到呢！"

创新提案以新闻稿的形式发布

亚马逊公司内部信息共享方面最大特点就是，信息是以新闻稿的形式发布的。

说到新闻稿，大家可能会想到推出新服务、新产品时，宣传部门向媒体发布的相关信息。

在亚马逊，进行公司内部演示或宣传新组建项目团队形象时多用此类发布形式。

那么以上情况为什么要使用新闻稿的形式呢？这是因为，新闻稿简明扼要，讲述全面，内容涵盖了人们想了解的所有信息。

下面以公司内部演示为例进行说明。

假如，你想推出一项面向东京市内的办公室人群提供的美味咖啡配送业务。那么，首先你要写好新闻稿。具体来说，要包含以下要素：

- 新服务概要。
- 客户心声。

- 业务人员的说明。

- 新服务的特点。

- 常见问题。

- 联系方式。

根据以上要点，我写了一份新闻稿，如下：

- 标题：

1小时内送至办公桌，500日元即可享用现煮咖啡！

自1月起，东京23区全面开通咖啡配送服务！

- 新服务概要：

自2020年1月15日起，亚马逊日分本公司（位于东京都目黑区）面向东京23区的办公室人群推出一项新服务：订购咖啡后，1小时内将送到办公桌前，可现场冲煮。

……（以下为要点）

- 客户心声：

"以前经常去便利店买咖啡，到了天冷的时候，出门很不方便。有了这项服务，即使在冬天也可以轻松享用咖啡了。"（涉谷区，IT相关行业，30多岁，女性）。"居然有很多只能在咖啡馆才能喝到的咖啡品牌，真是让人喜出望外，现在每天都能喝上一杯自己喜欢的咖啡。"（千代田区，服装相关工作，20多岁，男性）。

……（以下为其他评论）

● 业务人员的说明：

"有很多人认为咖啡可以缓解压力、减轻疲劳，但在快节奏的工作环境下，人们大都无法享用到美味的咖啡，所以……"

● 新服务的特点：

（1）方便快捷。下单后1小时内便可送至办公桌上。

（2）冲煮方式多样。可选择冲煮后送至办公室，或由专业人士在办公室当场冲煮。

（3）咖啡种类丰富。每杯咖啡都可选择不同的品牌，甚至备有稀有品牌的咖啡豆。

（4）结算形式多。费用可年结，也可签订年度企业服务合同。

……（以下为该服务的特点）

● 常见问题：

……（以下为常见问题）

● 服务开始日期：2020年1月15日。

● 服务范围：东京23区。

● 服务价格：每杯500日元+税。

● 联系方式：

如有疑问，敬请咨询……（以下为联系方式）

新闻稿的形式能够使业务要点（例如客户群体是什么、业务的哪一方面吸引了他们）更加形象具体，业务目的更加清晰明确。

同时也能使提案内容不完善的地方和问题点（例如这项业务能否盈利、对客户群体的判断有无问题）变得更加直观。

因此，以新闻稿的形式做出的提案，在小组讨论阶段，作为讨论的基础方案可有效收集大家的意见。

我见过的最好的新闻稿

亚马逊有一份堪称传奇的新闻稿。我曾拜读过，当时感叹没有比这更完美的新闻稿了。读过这篇稿件后，具体服务内容便会形象地浮现在眼前，我甚至能听到客户的欢悦之声，它的盈利状况和潜力也都跃然于纸上。

它就是有关亚马逊杂货和家庭必需品送货项目服务（Prime Pantry）的新闻稿。

有一天，在美国总部，一位副总裁递给杰夫·贝佐斯一份新闻稿说："杰夫，我有个想法……"据说当时并不是在开会，而是一个很随意的时间点。副总裁在新闻稿中介绍的就是名为"亚马逊杂货和家庭必需品送货项目"的一项新服务。在美国，每个家庭都会有专门的食品储藏室来储存罐头或粮食。那位副总裁提议："为什么不推出一项新服务,替代家里的食品储藏室呢?"

在此之前,亚马逊一直销售的是大宗商品。人们在购买果汁时,只能按箱买(内装24瓶)。但是,如果启动了亚马逊杂货和家庭必需品送货项目服务,亚马逊仓库就会成为许多顾客的食品储藏室,顾客便可以每次只购买一罐可乐或一袋薯片了。

杰夫·贝佐斯用几分钟看完这篇新闻稿后回答:"这个项目一定要做。"后来,提出创意的副总裁成为该项目的业务负责人,立即启动了该项目。据说后来的营业额达数百亿日元之多。

前 15 分钟为沉默时间

亚马逊会议的氛围可能与其他公司略有不同。会议开始时，所有与会者都会保持沉默。

在会议室，提交报告的人自然会早到，他们会将文件分发到会议桌各自的位置上。之后，与会者在开会前陆续就座。然后，大家开始阅读分发的文件。读完6页汇报资料大致需要15分钟。

其间，与会者默默地阅读资料。会议室非常安静，只能听到刷刷的翻页声。我们经常与总部进行电话会议，同样在会议开始时也只能听到对面传来的刷刷的翻页声。

看完资料后，汇报者便会询问与会者是否已经读完资料了。获得肯定回答之后，便进入讨论时间。

此处的讨论，其实就是针对该资料的答疑。

"首先，请问诸位对第1页的内容有疑问吗？"

"请问第3行的'这里'指的是什么？"

"请问关于第5行，你是怎么想的？"

对于这些问题，汇报者会做出细致的解释。问题逐页提出、逐页回答，直至最后一页。如果最后没有问题，讨论就此结束。

在亚马逊，什么是会议的理想状态？

那就是，"请问诸位对第1页内容，有疑问吗？""没有。""那么第2页呢？""没有。"直到最后一页都没有疑问，会议就此结束。

此时，与会者会夸赞汇报人员做得好，并为他鼓掌。因为这是一个经过了深思熟虑的创意，毫无破绽，提案内容完美无瑕。

实际上在亚马逊，越是完美的会议，开会时间就越短。向总裁汇报工作时，有时需要在会议室外面排队等候。如果前组很快就出来了，那就说明他们做得很好；如果总是不出来，那就说明他们做得不够好，正在反复讨论修改方案。

推广公司发展战略的场外会议

为了培养员工的创新意识，亚马逊日本分公司经常举办场外会议，即在办公室以外的地方进行会议。

美国总部很早就采用了场外会议的形式，鼓励员工们在办公室以外的地方交流。最近，这种企业文化逐步渗透到了日本。越来越多的公司通过网络搜索租房信息，在镰仓等历史名城租赁空置民房，在那举行场外会议。

在办公室开会时，总是有电话或者邮件的打扰，使人无法专心于会议内容。因此，公司将会议地点选在远离办公室的地方，围绕一个主题展开集中讨论。

我长期任职的运营部门，每年会多次在远离市中心的住宿设施内举办场外会议。会议往往历时两天一夜。经理级别以上的人员会租借一处会议室。我们白天开会，每个部门都会提出自己的工作目标和新创意。晚上我们再进行深入的探讨交流，通常都是边吃边聊。亚马逊一般不提倡酒桌上的交流，但是场外会议却是例外，这种方式使工作更加张弛有度。

　　我参加过的规模最大的场外会议是名为"全球运营与客户服务"的场外会议。这个会议每年举行一次，届时全球各地的亚马逊运营与客户服务经理都会前往美国总部开会。

　　会议参加人数有300人之多。公司为所有与会者租了大型酒店，在为期3天的会议中，每个部门都需要发表演讲，并围绕演讲内容与其他与会者进行讨论。

　　与会者除了来自美国总部外，还有很多来自欧洲和日本的分公司。举办一次这样的会议耗资巨大。除了运营与客户服务部门，零售和其他部门也经常举办此类场外会议。可见，对亚马逊来说，场外会议非常重要。

达成共识，创建人际关系网

　　场外会议主要有两大意义。

　　一是通过信息共享（例如公司发展的大方向和新技术），使与会者能够达成共识。有时是杰夫·贝佐斯出席会议并致辞，有时是高级副总裁进行一个小时左右的演讲。有一年，宣布使用无人机配送的消息后，由无人机开发经理在会议上介绍该方案。此外，有的时候，与我们有不同业务的亚马逊云科技负责人也会参加会议，向大家介绍相关技术。

　　二是创建人际关系网。大家从事的是同一工作，面对的是同一课题。借这次机会可以聚在一起好好地交流工作心得。"是吗？原来你们那里是这样操作的啊。我们这里是这样做的……"诸如此类的话题会使会议气氛高涨，更利于人们思想的交流，碰撞出灵感的火花。

杰夫·贝佐斯对丰田的改善活动很感兴趣，想将其引入亚马逊。作为场外会议的一部分，我们参观了位于西雅图的波音工厂。据说，当时波音工厂在丰田改善团队的指导下进行了整改，厂内运营机制发生了脱胎换骨般的变化。

我把从会议上听到的、从世界各地亚马逊分公司负责人那里听到的以及观摩学习中学到的东西带回日本，开会传达给其他同事们。在会议上，将公司的战略方向贯彻到每一处，带领员工讨论工作目标，为员工今后的工作指明方向。

其他国家亚马逊分公司的负责人同样也会这么做。从这个角度来看，场外会议具有极高的成本效益。

让组织结构更合理的两张比萨原则

在亚马逊，有一种默认的管理思维，那就是应该想办法减少部门之间的无效交流。其象征性标志就是两张比萨原则。

在日常工作中，保持最低限度且快速沟通的必要条件如下：

（1）团队人数要适中。

（2）团队成员都与项目直接相关。

实际上，在21世纪，随着公司规模的不断扩大，许多企业面临着决策困难，或是即使有决策却无法立即行动的难题。

杰夫·贝佐斯拥有先进的管理理念，在问题解决和团队编组方面有着独到的见解。他很早就注意到了这方面的问题。他在20世纪90年代末，就提出"金字塔形等级组织难以适应新世代变化"这一观点。务实的团队应具备自律性和行动力，而无须管理者。尤其在技术研发领域，组织层级越多带来的危害就越大，这种危害有时会关系到企业的生死存亡。杰夫·贝佐斯非常担心这一点。但是，由于业务发展得太快，亚马逊仍然在不停地建立层级组织。

因此，到了2002年，杰夫·贝佐斯直属的S小队公布了一项决定。这就是利用两个比萨原则对公司进行整体改编。

"两个比萨"指的是团队人数规模。订夜宵的时候，两个比萨就足以喂饱一个团队的规模是比较合适的。具体来说，大概是5~6人，最多不超过10人。

如果一个项目团队人数超过10人，那么必定会形成金字塔形层级组织。出现问题后，当事人往往征求上级的意见，将决定权交给上级。这样就难以即刻采取行动。实践证明，最高效、最灵活的团队人数就是两个比萨规模的人数。

目前，两个比萨原则已成为组建研发团队时的基本思路。不过，法务部门和财务部门并不适用这一规则，所以并没有在全公司推广开来。另外，由于研发部门主要集中在美国，所以亚马逊日本分公司也不必遵循两个比萨原则。但是，尽量不要形成金字塔形层级组织结构，因为这样做会打击员工的主动性，这种意识已经渗透到亚马逊员工的工作中了。

比萨是举办活动时必不可少的食物

说句题外话，比萨真的是亚马逊人不可缺少的食物。

不仅在美国，在日本同样如此。新员工加入公司一周后，大家会例行为他举行欢迎午餐会。这时，新员工、上司和人力资源负责人会聚在一起吃午餐。我工作过的配送中心一般是订比萨外卖。

人们一边大快朵颐，一边推心置腹地交流，这样做能够提高他们的团队意识。这就是亚马逊的风格。这一点与日本谚语"同吃一锅饭"（同甘共苦的意思）颇有异曲同工之处。分享同一个比萨的做法，完美继承了亚马逊的企业文化。

除了欢迎午餐会吃比萨外，亚马逊还会在重大的工作节点吃比萨。因此，在筹建新仓库时，附近能不能订到比萨外卖甚至成为仓库选址的重要原因。

记得当时千叶县市川市只有一个仓库，于是公司决定增建一个。在建设过程中，我们暂时租用了神奈川县川崎市一家钢厂的仓库。当时，川崎市刚开了一家开市客（Costco）超市。工作告一段落后，有位同事就开车去开市客超市买回一个大号比萨，与大家一起吃了起来。这段往事很令人怀念。

第8章

亚马逊的速度

亚马逊建立了许多行之有效的机制，以确保公司能够以惊人的速度快速发展。这些机制包括量化指标、行动力准则等。

确保实现最快的 PDCA 循环

如前文所述，我在亚马逊工作时的直属上司、现任日本分公司的总裁杰夫·林田将亚马逊比作一辆正在参加世界一级方程式锦标赛的赛车。它边驰骋，边维护调试。

将公司比喻为赛车，其中并无夸张的成分。因为亚马逊的各项业务正以惊人的速度发展。

那么，怎样才能达到最快的发展速度呢？

关键在于公司的"量化指标"机制。

不将时间浪费在犹豫和踌躇上

因为量化指标已经渗透到各个角落，所以成功的标准非常清晰。对于亚马逊人来说，工作上便不会犹豫不决、踌躇不前。他们瞬间就能明白自己要干什么，并立即去执行。

在这样的机制下，无论哪项业务，其PDCA循环都以惊人的速度螺旋上升，促使亚马逊公司飞速发展。

任何员工都可访问的数据库

亚马逊有一个名为"数据仓库"的数据库，任何员工都可以访问。尤其当他们工作出现异常却找不到原因、急切想要分析数据的时候，这个数据库会起到很大作用。

以图书为例做简单说明。首先，我们可以从数据库中查到销售额开始上升的时间点在哪里、同类书的销售情况如何、有多少人访问过该网页、实际上有多少人把它放入购物车中等，简言之，就是能够根据过去的历史记录来跟踪和分析网站上的相关行为。

假如一本有关动物的图书销量突然暴增，那么，我们可以通过数据分析弄清楚图书大卖是不是与地区或者读者年龄层有关，以及是不是所有关于动物的图书都畅销。有了这些数据，零售部门就会在下一阶段有针对性地采购商品。

不过，仅凭数据库分析可能无法弄清楚为什么某电视节目提到一本书后，这本书突然火了起来。此时我们可以通过网络搜索查明其中的原因。这种销量突然大增的情况，亚马逊称之为"爆卖"。好比线形图中突然升高的某个点一样。亚马逊员工中经常会出现这样的对话：

"这件商品昨天为什么成爆款了？"

"因为昨天某节目为它做了一期专题。"

这种情况可能发生在世界各地任何一家亚马逊分公司。只要轻轻点击鼠标，就能查到自己想要了解的项目，非常方便。

不单单是零售部门，其他部门的工作人员也可有效地利用数据库。这就是公司快速决策的秘诀所在。

值得一提的是，公司非常注重信息安全。首先，数据库的服务器并非公司正式的服务器，而是数据库专用服务器，它位于美国，每天都会变换地址。也就是说，员工看到的是地址变换之后的数据，也就是昨天的数据。当然，我们看不到客人姓名或信用卡卡号等个人信息。这一点请消费者放心。

以日本一流企业的高标准进行仓库管理

在亚马逊，作为客户体验的一部分，我们不断研究如何能以最快的速度将订单中的货物送到客人手里。代表性成果就是亚马逊物流中心的先进技术。

我们能以惊人的速度处理大量订单。不论是谁，只要体验过这种速度都会留下深刻的印象。毫不谦虚地说，亚马逊的速度与其他电子商务零售商的速度比简直有天壤之别。

如前文所述，亚马逊的主要业务之一是亚马逊物流服务。为卖家提供仓储服务，卖家在亚马逊或其他网站上出售后，我们帮他们从亚马逊仓库发货。

我们曾经举办过仓库业务的介绍活动，以增加小田原仓库亚马逊物流客户的数量。那时，我作为介绍人员经常为客户讲解业务流程，带领客户参观仓库。

其中，向客户介绍的最后一个项目是分拣对接系统。

打包完毕贴上出货标签的货物，通过传送带搬运至最后环节。那里安装了一台巨型条形码扫描器。该扫描器会读取出

货标签，然后判断由谁配送到什么地方。根据该判断，物品将
自动定位到相应的分拣对接系统，分拣完毕后装车运出。

使参观者们赞不绝口的是货物通过条形码读取器的速
度。该速度比超市里面结账时发出"哔哔"声的条形码读取
速度要快得多，它会发出"嗖嗖嗖"的声音，快速读取所有
货物的条形码，迅速分配到相应的分拣对接系统。

更让参观者们目瞪口呆的是，这种新技术让大量货物以
惊人的速度完成分拣，而且可以24小时不间断作业。

能够实现这种快速运转，正是运营部门智慧的结晶。

亚马逊运营部门注重的并非物流层面的管理技术，而
是像丰田汽车等享誉世界的一流日企的工厂管理技术。事实
上，亚马逊运营部门很多人都曾经在这些企业任职过。

众所周知，日本企业的管理指标非常严格，堪称世界第
一。因为亚马逊的很多员工都曾是这些名企的管理人员，因
此在他们的管理之下，亚马逊员工在库存精度、生产效率和
交期方面的意识明显高于日本其他物流业者。

在亚马逊，决策权基本上集中在美国总部。但并不意味着包括日本在内的各个分公司没有酌情处置权。

美国的物流中心（仓库）模式与日本的完全不同。

首先，由于美国地广人稀，可以在广阔的空地上建起一个十万平方米的单层仓库。换句话说，美国的仓库是一个占地面积很大的仓库，另有带式运输机在地面上运转。

但是日本的土地资源不像美国那么丰富，因此如果要建造一个大型仓库就得利用高度，也就是说要建多层仓库。当然，仓库中使用的机器也要调整，既要满足高度要求，体形又不能太大，不能占据太多地面空间。

在日本，仓库中使用的设备可与制造商协商由自己设计和生产。在日常维护方面，也可由自己公司负责。

如果公司没有专人维护设备，那么一旦出现故障就只能联系厂商工作人员，等待他们的救援。而厂商工作人员到来之前，员工只能被动等待。所以，亚马逊会聘用专人负责设备维护。这些熟悉设备的精英全年365天随时待命。聘用设备维护人员虽然会增加公司的人力成本，但拥有专业维护队伍所赢得的速度，对于亚马逊来说意义更大。

值得注意的是，能做到自己制造、自己维护的，在亚马逊世界各地的分公司中只有日本分公司一家。

为什么日本能做到这一点呢？这是因为日本拥有扎实的产业技术基础，有很多半导体制造商和机械制造商，我们从制造商那里聘请了开发人员。并且，我们还可以向制造商提出自己的规格要求，他们可以为我们量身定做相应的设备。维修人员需要维护的是些技术含量较高的设备，所以该团队招募的都是一些优秀的技术人才。

提出日本特色仓库概念的是我的上司杰夫·林田。我们的技术总监非常了解其中的技术关键点，对杰夫·林田的想法深表赞同，他们一起推动该概念的落地实施。美国总部从系统方面给予了大力支持。最终，现在正在使用的超高速仓储管理系统得以完成。

使用Kiva机器人的川崎仓库广受关注

仓库本身也在不断发展。如果说起初建设的千叶县市川市的仓库是第一代仓库，那么大阪府堺市仓库之后建立的则是第二代仓库。第一代和第二代仓库在运输速度和运营成本上有很大差距。

第一代仓库已经到了必须更换设备的时候了。是将货物转移到临时仓库？还是关掉旧仓库？这两种方案实施起来都很困难。

第二代与目前的仓库技术也有细微差别，虽然可用，但也需要不断地升级维护。

2017年我们在神奈川县川崎新建成的仓库做了新的尝试。2012年亚马逊斥巨资收购了一家开发机器人物流系统的公司Kiva Systems。并将Kiva机器人引入仓库管理中。这种机器人外观类似扫地机器人，体形要更大一些，可在仓库内自由移动，代替人工存取货物。

与传统的传送带相比，据说使用Kiva机器人的仓库可以节省大量的设备调试时间。极大程度上缩短了从订购到发货所需的时间。重要的是，Kiva机器人可以帮我们解决劳动力日益紧缺这一未来重大难题。

只要看到仓库运营的场景，或者仓库设备投资的新闻，您便肯定能理解亚马逊的管理哲学了。

领导力准则中有一条是"崇尚行动"。意思就是不要花费太长时间思考。

互联网与传统行业对反应速度的要求是不同的。如果坐等时机,那么很快就会被其他竞争对手赶超。为了取得领先地位,无论如何一定要先行动起来。

那么,亚马逊有多么重视速度呢?请看下面的故事。

有一天,某大企业成为亚马逊云科技的客户。亚马逊需要将该企业迄今为止的数据上传到亚马逊云科技服务器上。不过,这时问题出现了。因为该企业的数据过于庞大,使用普通的光纤可能需要数十年才能完成此项工作。

这种情况下,亚马逊云科技部门是怎么操作的呢?

他们认为,如果光纤粗细是制约数据传输的瓶颈所在,那么就换成较粗的光纤,一次性传送所有数据。为此,亚马逊先做了一个装满硬盘的拖车,硬盘末端连接的是一根很粗的光纤。然后,将硬盘直接连接到客户的服务器上,开足马力将数据全部传入硬盘（可以想象吸污车工作时的情形）。之后，工作人员开走拖车，将硬盘拖到公司，连接到公司数据库上传数据。

简言之，他们制作了一个移动服务器机房。

结果，数月之内就将客户全部数据上传到了公司数据库。

这种方法经济、安全、快捷。从那时起，亚马逊云科技经常使用移动服务器机房导入客户数据。

快速服务能为客户带来很好的体验。反之，如果导入数据需要1年甚至更长的时间，那么即便亚马逊云科技价格再便宜客户也会犹豫不决。但如果是3天之内就能导入数据，客户肯定会马上拍板与亚马逊签约。

其实，亚马逊从以前开始就一直使用相同的思路来解决问题。在假期购物高峰时，公司需要在美国租用临时仓库。此时，会把服务器装到卡车上，为仓库提供网络服务。可以说移动服务器机房正是从这种方法演变而来的。

零点几秒后就可显示库存数量

访问亚马逊网站上的商品时，你会发现库存状态一目了然。亚马逊自营商品、亚马逊市场空间平台等第三方商家出售并配送商品和亚马逊新鲜商品（Amazon Fresh）的库存状态显示方式各不相同。以下，以亚马逊自营商品为例进行说明。

随着产品的销售，亚马逊自营商品的存货状态会发生以下变化（见图8-1）。

因为公司掌握配送中心的库存状态，所以不难做到在商品网页中精准提示库存数量。

难点在于如何把握"一般2～3天内可发货""一般×周内可发货""一般×月内可发货"等预设状态。因为预估的发货时间是根据供应商的调货信息（包括能否订到货、订货所需时间等）制定的，而在确认调货信息的同时，可能还会接到客户的新订单。如果原计划2天后交货100件，但是最后没做到，这会给客户带来极大困扰。因此，为了准确显示库

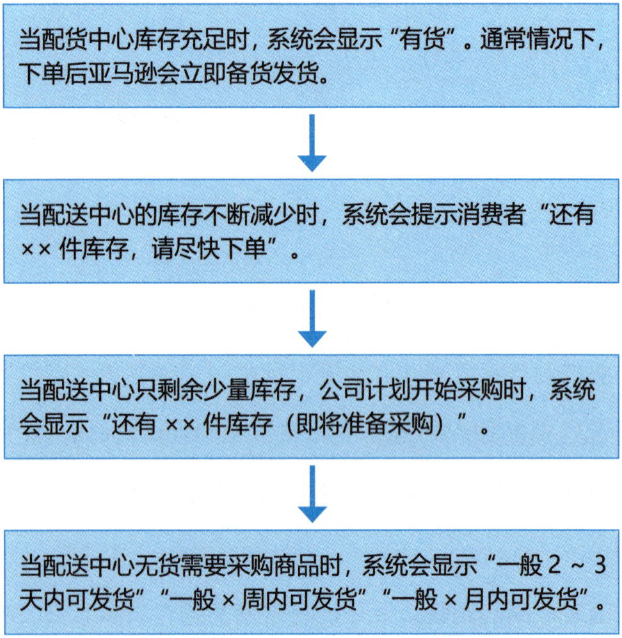

当配货中心库存充足时，系统会显示"有货"。通常情况下，下单后亚马逊会立即备货发货。

当配送中心的库存不断减少时，系统会提示消费者"还有××件库存，请尽快下单"。

当配送中心只剩余少量库存，公司计划开始采购时，系统会显示"还有××件库存（即将准备采购）"。

当配送中心无货需要采购商品时，系统会显示"一般2～3天内可发货""一般×周内可发货""一般×月内可发货"。

图 8-1　亚马逊自营商品存货状态的变化

存状态，企业必须与供应商展开紧密合作，实现准确的信息共享。

无法在库存设置上"添加水分"的简单理由

明明下单时提示有货，下单之后却变成没货了，这样令人沮丧的事情，绝对不会出现在亚马逊。

之所以会出现这个问题，不外乎以下两种原因。

一是商家找不到仓库中的备货了，这说明仓库管理存在问题。

二是有其他客人在同一时间内购买了最后一件商品，这说明网站系统存在问题。

为了避免此类问题，方法很简单。只要在库存设置方面"添加点水分"，留出更多的余地就可以了。例如，当商品仅剩余2件时，使系统自动切换到"可在2～3天内发货"的状态（也就是0库存状态），这样就不会出现上面的问题了。

但是，在亚马逊这种做法行不通。

首先是体量问题。亚马逊体量太大，如果亚马逊经营的商品全部保留2件余地，那么会形成多大规模的存货呢？其价值恐怕是个天文数字。也就是说，如果每件商品都留有2件余地，那么，整个亚马逊可能要持有巨量库存。显然，亚马逊不会这么做。

那应该怎么办呢？

亚马逊的答案是，不要在存货数量显示上留余地，而是要准确把握库存数量，提高库存管理的精度。库存状态发生变化的瞬间，零点几秒内就可显示最新数量。

值得注意的是，零点几秒内显示存货数量的技术本身并不简单。

客户把商品放入购物车的那一刻，存货数量会在零点几秒钟内减少1，如果他思来想去最终决定不买了，那么退掉订单的同时，存货数量又会在零点几秒钟内增加1。为了避免出现多个客户同时购买导致库存数据不准确的问题，亚马逊将存货状态显示的切换时间控制在近乎零秒的水平。

世界各地亚马逊分公司的网站维护都由美国总部负责。技术员一年365天、一天24个小时不停地进行数据处理，保障亚马逊用户顺畅的购物体验。

为此，亚马逊还需要自己准备一台运算能力强大的服务器，由此又衍生出亚马逊云科技服务器租赁业务。

第9章

亚马逊的沟通方式

亚马逊排斥不利于提升顾客满意度的工作方法，
没有主人翁精神的"评论家"是不受欢迎的。

折中与妥协并不能让客户受益

杰夫·贝佐斯在决策时不会受到人情关系的束缚，不会因为受到某人的关照所以为他开绿灯。

杰夫·贝佐斯常常和我们说："一定要注意避免出现熟人之间的妥协。"

无论在公司内部还是外部，为了建立和维持良好的人际关系，人们有时需要做出各种妥协。

本应设定更高的目标，可我们使用"至少"这样的字眼，不断地做出妥协。无论是谁多多少少肯定有过这种经历。

当然，如果不允许妥协，组织便无法成立和运营下去。但是杰夫·贝佐斯认为，在紧要关头公司和组织必须摒弃折中与妥协的态度。

是否在3米和2.5米之间折中选择了2.75米？

有一次，杰夫·贝佐斯来日本考察兼度假。日本分公司选出20名员工参加招待他的午餐会。每位员工都可以向杰夫·贝佐斯提问。在问答环节，杰夫·贝佐斯对"折中和妥协"进行了解释。

有个员工问道："公司发展越来越快，规模也越来越大。我们第一次在如此大型的公司工作，请问我们需要注意什么？"

杰夫·贝佐斯回答道："工作中一定要注意避免出现折中和妥协。"

为了更形象地说明其中的道理，他举了一个估算天花板高度的例子。

他说："在估算天花板高度的时候，有的人说2.5米，有的说3米。听到两个人的说法之后，第三个人说'要不2.75米吧'，其余两个人都表示赞同，于是，最终三人之间达成一致：天花板高度为2.75米。

这就是折中与妥协。工作中禁止使用模棱两可的数字来确定目标或衡量业绩。遇到例子中的情况时，必须拿出卷尺实地测量天花板的准确高度。"

杰夫·贝佐斯认为，随着事业规模的不断扩大，带着卷尺测量高度可能会很麻烦。但是，即便如此也必须要不怕麻烦，努力把握准确数字。

如果每个人都容忍偏差，那么组织越大，漏洞就越多，破坏力也就越大，直到无法弥补。这一点务必要注意。

碍于人情，人们往往会妥协，这种妥协绝对不会让我们的客户受益。如果真正为客户着想，你就必须放弃妥协。

杰夫·贝佐斯认为，随着公司的发展，折中和妥协带来的危害会越来越大。组织规模较小时，大家都彼此熟悉。组织发展壮大并不断分化后，彼此就变得陌生了。

每个组织都站在自己的立场思考问题，最终通过协调多方立场收尾。特别是在日本，这种协调现象尤为突出，因此尤其需要注意。

标准只有"一切为了客户"

亚马逊对折中和妥协的排斥态度，在创业时期并不被大家接受。当时日本人戏谑地称亚马逊为"黑船"，这与亚马逊决不妥协、无情冷峻的形象不无关系。

2000年，在亚马逊日本分公司创立时期，我加入了亚马逊。刚开始，我负责图书采购。在与代理商、发行商交涉价格时，明显感到对方对我不信任。他们非常警惕，有时甚至拒绝交涉。

亚马逊关心的只有一点，那就是你做的工作是否是为了客户。这一宗旨就像可以帮助人们辨别方向的北极星一样，指引员工不断努力前进。

就价格来说，我们思考的是怎样向顾客提供最便宜的商品。图书类商品在日本受再销售制度❶制约，不可降价销售。于是，我们通过减免运费服务回馈客户。

商品种类齐全，价格低，销量自然好。口碑好，顾客会更多。这样一来，亚马逊平台的商家利益也会水涨船高。这种良性循环能够让所有人受益。在同代理商、发行商交涉时，我想把亚马逊的这种理念传达给他们，尽管我不知道自己讲得是否清晰准确。

当初态度谨慎，甚至拒绝交涉的代理商和发行商目前已与亚马逊建立了合作关系，这是双方多次磨合的结果。但更重要的是与亚马逊图书销量高，以前出版的滞销书也都能卖掉的硬实力有关。

正如杰夫·贝佐斯所言，曾一度被世间误解的新事物，现在正枝繁叶茂、开花结果。

---

❶ 再销售制度：指图书的价格由出版社指定，出版社通过批发公司监督书店执行。书店既无权涨价销售，也无减价销售。——译者注

在上一节中，我曾说过亚马逊排斥折中和妥协。

但是，这样写可能会让人误以为亚马逊自恃实力强大，只会一味地逼迫对方让步。

亚马逊人不会对合作伙伴说"我们想要这样做，请配合"。以下以削减成本为例进行说明。

假如我们想要物流公司压低成本，但被对方拒绝了，理由是已经没有降价空间。此时，亚马逊的做法一定是和对方一起想办法，争取把成本降下来。

例如，有没有技术手段可以减轻物流公司的作业负担？或者如果由我公司承担目前部分作业的话，运费能降低吗？

实际上，各目的地包裹的分拣作业，以前都由物流公司自己负责，他们采用的是人工分拣的方式。为了降低物流配送成本，亚马逊投资了分拣设备，机器能够按照物流公司或目的地自动分拣货物，为公司节省了大量成本。

亚马逊每个部门都在进行此类交涉，亚马逊人始终坚信，自己所做的一切都是为了将利益回馈给客户。

亚马逊员工的工资绝不算高，具体数字我不方便透露。亚马逊的利润率每年在1%左右，回馈给股东的收益也几乎没有多少。股东们之所以投资亚马逊，是因为他们认同亚马逊追求长期利益的经营理念。

公司将利润毫无保留地投资到设备中，正是为了不断改善客户体验。

上司对下属的语言禁忌

亚马逊会为员工举办很多正式活动，例如员工迎新午餐会和场外会议等。但是，上司不会约员工下班一起喝酒聊工作。在亚马逊，员工下班后便各回各家，互不打扰。

为什么不在酒桌上谈工作呢？最主要是因为人们在醉酒时说的话很快就会忘掉。这样的交流完全没有意义。如果想深入探讨工作，可以在白天的上班时间一对一地与别人面谈。

在亚马逊，上司的工作之一就是为下属提供一个轻松的工作环境。下属工作还没完成，就强拉他放下工作去喝酒，这样的行为简直荒谬绝伦。

我的下属中有些人成为领导后，就急不可耐地摆出上司的架子，喊下属"嘿，去喝酒吧"。只要发现这种情况，我都会告诫他："如果纯粹是个人私下交往的话，我不反对。但是绝不能影响工作。"

亚马逊的办公室布局相当简单，几乎看不到日本公司中常见的面对面式的办公布局。总监或更高级别的管理人员会有一间独立办公室，独立办公室周围是团队成员的办公区域。该区域的座位被彩色隔板隔开。虽说每个人的座位都是固定的，但相对比较自由，员工也可以到别人的座位办公。这与前后左右都是同事，有时还要面对面地坐在一起办公的传统布局截然不同。

其中，独立办公室可以用于开团队会或一对一面试。

不能对下属说"自己想办法"

亚马逊同样存在下属业绩表现不佳，整个团队没有达到预期目标的情况。

此时，上司绝对不能这样训斥下属：

"你为什么没做到？"

"自己想办法，我不管，别找我。"

下属没有达到预期目标应该是团队经理的责任。团队经理应该成分发挥"主人翁精神"，积极采取改进措施改善经营业绩。如果团队经理做不到这一点，而是一味地训斥下属为什么没做到，并让他自己想办法的话，这是不负责任的表现。

在亚马逊，项目执行结果与个人能力和性格是分开考量的。不会有人不断追问你为什么没有做好。因为这是已经发生的事情，责难也无济于事，此时更应考虑的是如何去补救。

不过，上司会要求你从逻辑上分析失败的原因。因为如果不明白失败的原因，便无法想出解决方案，也无法采取相应对策。

即使项目成功了，上司也会要求你从逻辑上分析并汇报成功的原因。在日本企业，人们常会询问失败的原因，但是几乎没人问成功的原因。而在亚马逊，无论成功还是失败都会分析原因，成功则借鉴其经验，失败则吸取其教训。换句话说，因为亚马逊很重视再现性，所以成功的项目当然也要分析成功原因。

虽说如此，当上司要求从逻辑上分析并汇报失败原因，而自己怎么也找不到原因时，往往会陷入窘境。

在向美国高级副总裁汇报时，我曾多次陷入过这种窘境。

好在对方看出了我的为难之处，关切地问我："怎样才能帮到你？"而不是质问我为什么做不到。

他说："将，我知道你身处困境，难以摆脱。我能为你做些什么？如果你有任何不懂的地方请告诉我，我认识这方面的专家，可以让他帮你分析一下，必要时我让他协助你。"听到他的这一席话，我非常感动。

他的这种思考和沟通方式让下属倍感温暖。在此后的工作中，我也向他学习，采取相同的方式与下属沟通。

"评论家"最不受欢迎

在亚马逊，当下属对上司的观点提出异议时，上司不能依仗自己的地位和权威说出"为什么不按我说的去做"这样的话。这时，上司应该倾听下属的意见，与自己的方案做比较，思考哪种方案对客户最有利。

亚马逊最讨厌"评论家"，即以指摘他人的失败为己任的人。

我调到运营部门后不久，有一次向上司杰夫·林田汇报说："从数字上看，已经变成这样了，我实在无能为力。"他训斥我说："评论家要不得，你去现场实际看过吗？"他想要告诫我的是，不能没去现场调查、没采取任何行动就随随便便地发表意见，也不能只看表面数字。

由于上司拥有人力、物力和资金等各种资源，因此他们的工作内容之一就是为下属提供必要的资源，帮助他们实现目标。

"为什么做不到""自己想办法"这样转嫁责任的管理者在亚马逊不受欢迎。在一年一度的人事考核中，同事和上司会因为他没有"主人翁精神"而给出差评。

亚马逊的请假制度

亚马逊日本分公司的员工每年只有一次法定长假，那就是新年假期。亚马逊是没有暑期小长假[1]的。而且即使是新年假期，日本总部也只休息3天（1月1—3日），而像仓库这样的部门则全年365天、每天24小时无休。

亚马逊鼓励员工请假，调整工作状态。因为每个项目都在快速、高标准地推进着，所以在项目期间是不允许休假的。长此以往，精神和肉体都无法得到放松。在项目结束之后好好休息，放松身心，才能以更好的姿态投入新的工作项目中。

在亚马逊，什么时候请假以及请假多少天，这都由员工个人决定。

总之，只要提前安排好工作，就可以休假，每年员工都

---

[1] 暑期小长假：日本的企业一般会在8月份根据各自的经营情况放3天以上的假期。——译者注

有数十天的带薪休假。

休假时，工作要仔细交代给同事，做好前后交接工作。有批准权限的员工，请假前如果没有做好交接工作，则可能会影响到业务，导致采购工作等无法顺利进行。因此，休假期间要将批准权限委托给他人，并告诉其他同事在自己请假期间所有相关工作均由所托之人代管。只要员工能保证休假期间业务顺利进行，请长假完全没问题。

我本人在亚马逊工作的15年间，曾多次请过两周左右的长假，利用这段时间去国外旅行或者陪妻子生产等。在欧洲，人们更喜欢请1个月左右的长假。从这一点看，日本分公司的员工们还是比较老实听话的。

在亚马逊，认可、称赞、表彰下属的工作表现也是管理者的重要工作。

例如，项目完结报告。下属顺利完成某项目后，上司必定会通过公司内网群发邮件，告诉其他员工："我们部门的某某，经过不懈努力顺利完成了某项目。"

此外，还有破纪录报告。每个仓库都有最高纪录，例如单日最大入库量和单日最大出库量。在圣诞节等节日高峰期，当创下最新纪录时，仓库负责人（主管）便会群发邮件告诉所有人我们又创下了新纪录。

看到这些群发邮件后，同事们会纷纷对其表示祝贺。上司便将同事们的祝贺传达给下属，鼓励他们要更加充满干劲地去工作。

最大规模的总结会出现在节日季后

项目结束后，亚马逊必定会对其进行分析和总结。这种分析和总结主要是对前一项目的回顾，它属于PDCA循环机制中的"检查"和"执行"环节。

在我长期工作过的运营部门，出入库高峰期（从圣诞节到新年这段节日高峰期）后，会召开事后总结会。我们将节日高峰期对策称作"节日计划"。通过电话会议与日本全国数十名仓库负责人（主管）进行事后总结，回顾"节日计划"的制订与执行情况。

在1月份的新年优惠活动结束后，先由各个仓库自行总结经验教训，例如本次节日计划哪些地方做得很好、哪些地方做得不好、下次应该怎样做等。做得不好的地方，如果仅仅是当事人自己反省的话则无法从根本上解决问题。应该把问题拿出来讨论，让所有人都引以为戒。

各仓库讨论结束后，由仓库主管做出总结。最后召开由全国数十位主管参加的事后总结会。

与会者就上述问题分享经验，进行两个小时的务实交流。经过分享和讨论，能发现问题是个例还是全国通例，进而判断问题的严重程度。

讨论完后，哪里做得好、哪里做得不好、应采取怎样的改善措施等都要制作成文档保存下来。

说句题外话，我们经常提醒自己"距离下一个节日计划还有330天"。意思是距离下一个节日计划只剩下不到一年了，要早做准备。

以上内容说的是有关PDCA循环中的"检查"环节。

更为重要的是PDCA循环中的"执行"环节。在下一个节日计划开始之前，公司会再次组织仓库主管召开碰头会。目的是重新讨论上次的会议总结报告。距上次总结大会快一年了，所以很多东西都记不住了。看到文档之后，主管们会一边回忆当时的情景，一边翻阅文档进行核实。例如"上次好像是这里出现了问题，当时我们制定了什么对策？"。通过这种形式，为新的节日计划做好充分准备。

与企业发展息息相关的重要机制

亚马逊的所有部门都经常召开事后总结会，不过这些会议规模大小不一。我也经常询问下属："开事后总结会了吗？半小时也行，找时间开一次吧。"

要说起会员日活动期间最忙碌的部门，那肯定是运营部门。所以活动过后，运营部门肯定会召开事后总结会。

当然，情人节和白色情人节等节日过后，也会开总结会。对于普通商品，亚马逊一般采用热收缩包装方法进行包装，打包时货物会通过几百摄氏度的高温炉。而常作为情人节礼物的巧克力遇热会融化，因此不得不更换到其他生产线上打包处理，实际操作起来非常麻烦。然而这一切都是为了客户，客户利益高于一切。怎样做才会让客户满意，这是我们经常讨论的问题。

日本企业对PDCA循环中的"计划"和"执行"环节较为关注，而对"检查"和"执行"环节则有些忽视。我认为"检查"和"执行"环节是推动企业快速发展的有效机制，遇到发展瓶颈期的企业更应该将事后分析和总结机制贯彻到底。

第10章

我与亚马逊

我第一次对亚马逊产生兴趣是在 1999 年的冬天。在此，为您讲述 2000 年加入亚马逊后我的工作轨迹。

会长大发雷霆："那个突然冒出来的亚马逊！"

1994年大学毕业后，我入职世嘉公司。1999年到2000年，我被公司外派到美国上班。1998年公司在日本发行了家用游戏机"梦工厂"（Dreamcast），后将销路拓展到了美国。当时，我的任务是协助美国当地的代理商销售该产品。作为生产管理人员，我主要负责当地游戏盘制作设备的安装调试及亚洲产硬件的运输调配工作。

转折点出现在1999年的冬天，那天是圣诞节过后的一次工作汇报会。

记得当时，世嘉公司的会长是大川功。他是CSK公司（现为SCSK公司）的创始人，也是世嘉的股东。当时，大川会长对"梦工厂"游戏机在美国的销售充满信心。他亲自来到美国指导工作，当地公司的主要成员以及日本总公司派来的人员都集合在一起向会长汇报工作。我作为名单上的最后一位也参加了这次工作汇报。

所有与会者都清楚这次汇报不会轻松。因为当时刚刚发生了圣诞节礼物的配送问题。

那时，世嘉公司开展了在互联网上订购圣诞节礼物的活动，然而当时世嘉公司本身并没有互联网订购配送系统，相关业务外包给了某网络服务商。

遗憾的是，这次活动彻底搞砸了。

我们没能将"梦工厂"游戏机及时地送到顾客手里。

这触碰到了大川会长的逆鳞。

由于"梦工厂"游戏机可以联网，因此大川社长希望将"梦工厂"游戏机打造成家庭互联网终端设备并普及到美国各地，而不单单是将其定位为普通游戏机。他的设想是每个美国家庭都能通过"梦工厂"游戏机在网络上购物。

大川会长震怒道："我们卖的是互联网终端机，客户通过网络下单后却不能按时收到。这真是天大的讽刺。"当时的气氛非常凝重，空气仿佛凝固。

他接着说道："那个突然冒出来的叫亚马逊的公司，人家在这个圣诞节把商品都准时送到客人手里了。"

我当时有点懵了："哪个亚马逊？"那时候的我虽然身处美国，对亚马逊却一无所知。当时的心思都用在了业务上，没有关注周围发生的事。

心惊胆战的汇报会终于结束了。我问同事有没有听说过亚马逊。同事笑道："不会吧？你真的不知道？那是一家行业内崭露头角的互联网购物网站。"我问他在那里能买到什么。同事回答可以买书。于是，我打开了日本亚马逊网站，结果发现很多在实体书店买不到的书在亚马逊网站上都有销售。抱着试试看的态度，我下了单。

结果两天后就收到了书。我非常吃惊："配送速度这么快，怎么可能！"

当时，日本国内的网购再快也要一周以上的时间才能收到货。两周到一个月再正常不过，而亚马逊竟然两天就能送到，我由衷佩服他们的服务速度。这就是我与亚马逊的第一次接触。

与此同时，我开始有一种危机感。现在再不进入互联网行业，就被人远远甩在后面了。于是，我决定辞职换份与互联网有关的工作。跟上司请辞后，我在2000年4月离开美国回到了日本。

其后，我在几家人才招聘网站上注册了会员，试着找份与互联网相关的工作。非常幸运，有一天有位猎头联系到了我，说："有家非常成功的互联网销售公司在招聘人才，你感兴趣吗？"

听到的一瞬间，我就想那肯定是亚马逊。因为当时还没有进入日本市场的美国著名互联网公司只有两家。

我当时就接受了面试邀请。

面试地点是位于东京新宿的办公室。面试官是我后来的上司以及人事负责人。面试时间大概一个半小时，是二对一的面试。公司筹备期的面试过程并不像今天这样高门槛。大约3周后，我收到了面试通过的通知。

我在1999年圣诞节过后知道了亚马逊，大约半年后入职亚马逊。这件事使我深信冥冥之中，自有天定。

在亚马逊工作的15年间，我的工作经历大致分为以下3个阶段：

（1）入职后的两年半内（2000—2002年）。

我负责的主要工作是新品上架准备和存货管理，属于供应链管理部门。

供应链管理部门的主要工作是与供应商协调采购商品如何运输、如何入库、仓库中应保留多少存货数量等。

亚马逊不使用传真或电子邮件采购商品。我们使用的是电子数据交换系统（EDI）。电子数据交换系统与供应商供货系统的整合也是我们的工作内容之一。

在亚马逊，新的商品类目被称作"商店"。我的主要业务是作为项目经理为商品类目创建一个后端机制。新品发布后，需要保有一定量的库存。我要做的就是采取合理的进货方式，维持一定的库存周转率。

（2）其后的两年半（2002—2004年）。

我担任图书采购主管。

之后，因为公司要加强与出版社的协调工作，加大图书采购力度，于是把我调到了图书采购部门负责图书采购工作。

实际上，我的主要工作就是去各出版社跑业务，和他们协商能为我们提供多少数量的图书。

当初出版商对亚马逊并不友好，他们把亚马逊叫作"黑船"。我刚在谈判桌前坐下，出版商就对我说"你们肯定是来谈价的吧？"甚至有很多公司拒绝向亚马逊供货。面对这种情况，我不能坐以待毙。因为亚马逊已经有不俗的图书销售业绩了，于是我拿销售数据给他们看，告诉他们我们的销量很不错，并邀请他们与我们合作。这样对方才慢慢接受了亚马逊。

（3）其后的十几年（2005—2016年）。

我担任运营主管。

后来，我调到了运营部门。在亚马逊，仓库被称作物流配送中心，隶属于物流中心运营部。

以前在世嘉公司工作时，我从事的就是生产管理，所以还是比较喜欢物流、采购类的工作。加入亚马逊后，我发现仓库运营非常重要，堪称亚马逊的心脏。于是工作五年后，在公司组织结构变化时，我趁机向上司提出调岗申请，希望能去仓库运营部门工作。

调岗后我马上接手的是千叶县市川仓库的搬迁工作。在此之前，该仓库规模非常小，仅有5000坪（每坪约等于3.3平方米）左右，后来搬到了同样位于市川市的新仓库，面积有2万坪。作为入库部门的负责人，我参与了这次搬迁工作。

随着亚马逊公司业务的不断发展，大型仓库相继建成。在我工作期间，每2年左右公司就会增建一座大型仓库。

继市川仓库之后建成的是千叶县八千代仓库。作为项目负责人，我亲临现场进行指挥，参与了仓库的建设工作。并在建成后担任该仓库主管一职。

再之后建成的仓库位于大阪府的堺市。我再次作为项目负责人参与了仓库的建设工作，并在建成后担任该仓库的主管。之后是川越仓库，我担任建设项目负责人。

后来，我又担任了多个仓库的主管。川越仓库建成后，日本遭遇了"3·11"大地震，千叶仓库存储能力急剧减弱，于是公司在埼玉县紧急筹建了3个仓库。那时，埼玉地区的数个仓库都由我负责。

在其后1年左右的时间里，我最多管理过11个仓库。由于仓库数量太多，工作量巨大，一个人实在管理不过来，公司不得不把全国仓库分为东日本和西日本两大地区。其中，我负责东日本地区的仓库。

有一次，位于北海道札幌市的客服中心主管突然离职，我不得不匆忙赶往那里接管客户服务工作。尽管只有3个月，我还是积极采取了措施改善客户服务。说句题外话，公司之所以在札幌市建立客服中心，是因为北海道的语调比较接近日本东京标准语。我记得那里早期的成员必须在美国接受培训，所以他们的英语水平也都不错。

后来，我参与筹建小田原仓库。二期工程结束后，2016年2月我从亚马逊辞职了。

这就是我在亚马逊15年间的工作经历，十分充实，学到了很多知识。我对亚马逊充满了感激之情。

后 记

非常感谢您选择并认真阅读本书。希望本书可以让您了解亚马逊是怎样思考问题、如何提升客户满意度、怎样一步步成长为特大型公司的。

在亚马逊工作的15年间，对于他们的经营法则和思考问题的方式，我感到由衷钦佩，并希望借此与君共勉。

当然，我也曾想过留在亚马逊目睹公司更好的发展，但我更强烈地意识到应该走出来做点什么，使我们的世界早日成为"以亚马逊为榜样"的世界。

希望本书能够帮助您学习到亚马逊优秀的管理经验和管理法则，切实提高客户满意度，实现公司发展。

客户、员工、家人和业务伙伴，都是我们无比重要、不可替代的客户，让我们携手努力，提高客户满意度，创建美好的社会。

是的，这条路才刚刚开始！